Martin Ebner • Das Markusevangelium

Das Markusevangelium

neu übersetzt und kommentiert von

Martin Ebner

kbw bibelwerk

www.bibelwerk.de

ISBN 978-3-460-32072-7

4. Auflage 2015

Umschlagbild: Évangéliaire de Godescalc, zw. 781 und 783 von Karl dem Großen beauftragt, © Bibliothèque Nationale de France, Paris. Ms nouv. acq. lat. 1203
Umschlag: Finken & Bumiller, Stuttgart
Layout: Olschewski Medien GmbH, Stuttgart
Druck: TPBtisk a.s., CZ- Příbram | Printed in the Czech Republic

Einleitung

Das Markusevangelium ist die älteste Lebensdarstellung Jesu, die in der Christenheit überliefert wird. Es handelt sich um einen äußerst kühnen Entwurf. Allerdings muss man die Selbstverständlichkeit, mit der wir heutzutage von einem „Evangelium“ sprechen, ablegen und in die zeitgeschichtliche Situation um 70 n. Chr. zurückgehen, sich also in einen Leser dieser Zeit versetzen, um die wegweisenden Konturen dieser Schrift erfassen zu können.

Die Form: eine Vita

Ein in der griechisch-römischen Kultur sozialisierter Zeitgenosse wird, wenn er die Erzählung liest, die Markus verfasst hat, sofort an die „Viten“ (Lebensdarstellungen) erinnert, die bekannte Schriftsteller seiner Zeit über große Männer der griechischen und römischen Geschichte verfasst haben. Insbesondere um die Zeitenwende kommen sie geradezu in Mode. Erzählt wird von der Abstammung, von der Ausbildung, von den Worten und Taten sowie vom Tod großer Figuren in der Geschichte, vor allem von Königen und Generälen. Ziel ist es, die Handlungsprinzipien eines Menschen durch Anekdoten aus dessen Leben zu konkretisieren und dem Leser mögliche Lebensbegleiter vor Augen zu stellen. Plutarch, einer der großen Vitenschreiber, sagt: „Die Anregung, mich mit dem Schreiben von Viten zu befassen, ist mir von anderen gekommen, dass ich aber dabei blieb und mich alsbald auf dem Gebiet wohlfühlte, das geschah aus eigenem Antrieb, indem ich nun versuchte, gleichsam vor dem Spiegel der Geschichte mein Leben gewissermaßen zu formen und dem Vorbild jener Männer anzugleichen. Denn nichts anderes als ein stetiges, inniges Zusammenleben ist doch das, was vor sich geht, wenn wir mittels der geschichtlichen Betrachtung jeden von ihnen der Reihe nach ... gastlich empfangen, bei uns aufnehmen, und betrachten, wie gewaltig er war, wie trefflich, und das Gewichtigste und Bedeutsamste für die Erkenntnis seines Wesens aus seinen Taten entnehmen“ (Vita des Aemilius 1). Wenn Markus die Anekdoten und Erzählungen über Jesus nach dem Muster der Viten zusammenstellt, dann will er seinem Publikum Jesus als Lebensbegleiter vorschlagen. Schon damit muss er provozieren. Ist doch Jesus keineswegs eine allgemein anerkannte Persönlichkeit des öffentlichen Lebens, sondern ein völlig unbekannter junger Mann aus dem hintersten Winkel des Römischen Reiches. Man weiß, dass dort in Palästina ein ständiger politischer Unruheherd schwelt. Als Gekreuzigter trägt Jesus für römische Leser den Geruch des Aufrührers. Denn nur Aufrührer werden gekreuzigt. Die öffentliche Hinrichtung in Kombination mit der Verweigerung der Bestattung – man ließ die Leichen am Kreuz hängen, damit sie wilden Tieren zum Fraß dienten – sollte abschreckend auf alle wirken, die es wagen sollten, gegen das politisch-gesellschaftliche System zu rebellieren. Und ausgerechnet so einer wird mit einer Vita gewürdigt!

„Evangelium“ – und der Herrschaftsantritt von Kaiser Vespasian 69 n. Chr.

Aber damit nicht genug. Markus nennt seine Erzählung nicht „Vita“, sondern „Evangelium“. Normalerweise sind „Evangelien“ (wörtlich: „gute Nachrichten“) mündlich überbrachte Botschaften aus dem privaten oder öffentlichen Bereich, die den Empfänger erfreuen sollen: die Geburt eines Kindes, der

Sieg in einer Schlacht usw. Gerade um die Zeit der Entstehung der markinischen Jesusdarstellung sind derartige „Evangelien“ hoch im Kurs und werden von den Zeitgenossen mit einem weltpolitischen Ereignis ersten Ranges in Verbindung gebracht: dem Herrschaftsantritt Kaiser Vespasians im Jahr 69 n. Chr. Nach dem Dreikaiserjahr 68/69 n. Chr., in dem offener Bürgerkrieg herrschte und die römischen Legionen mit unterschiedlichen Kaiserkandidaten gegeneinander angetreten sind, ist es Vespasian, einem bisher völlig zweitrangigen General, gelungen, eine neue Herrschaftsdynastie zu etablieren. Insbesondere sein entscheidender Vernichtungsschlag gegen die Rebellen in Palästina gab dafür den Ausschlag. Seine wenig ruhmreiche Abordnung in dieses Krisengebiet, wo 66 n. Chr. der Aufstand gegen Rom ausgebrochen war, wurde für ihn zum Sprungbrett auf den ersten Platz im Reich. Nach Säuberungsaktionen zunächst in Galiläa ist er – nach einer Winterpause – von Cäsarea Philippi aus in den Süden Richtung Jerusalem vorgestoßen. Während er selbst sich nach Ägypten, der Kornkammer des Römischen Reiches, absetzte, um auf günstige Zeichen aus Rom zu warten, hat sein Sohn Titus vor Jerusalem die Stellung gehalten, die Stadt eingenommen, den Tempel niederbrennen und im heiligen Bezirk die Soldaten ein Fahnenheiligtum errichten lassen (70 n. Chr.). Inzwischen hat Vespasian geschickte Bündnispolitik betrieben: Die Statthalter von Ägypten und Syrien stellen sich hinter ihn, ihre Truppen im Osten rufen ihn als Kaiser aus. Der Senat in Rom erkennt ihn als Kaiser an. Die römische Welt atmet auf: endlich Friede, endlich Sicherheit, endlich Ruhe und Ordnung. Sofort gehen diese Freudennachrichten, die der jüdische Geschichtsschreiber Flavius Josephus „Evangelien“ nennt (Bell IV 618.656), in alle Welt: von Rom aus nach Alexandrien in Ägypten, von Alexandrien aus von Stadt zu Stadt.

Auch damit nicht genug. Mit dem ehemaligen Ritter Vespasian, dem der Aufstieg in die oberste gesellschaftliche Riege geglückt ist, geht ein Ruck durchs Reich, den der Kaiser und sein Sohn kräftig verstärken: Viele wollen – in den Spuren des Kaisers – ebenfalls aufsteigen, nach oben kommen, sich Posten und Ehren verschaffen. Bewusst hat Vespasian Anhänger aus seinem Stand in den Senat berufen, in den Stand der Patrizier erhoben und damit die Grundlage für eine Erfolg versprechende Aufsteigermentalität geschaffen: mit Blick auf den Kaiser und in Loyalität zu ihm kannst du Karriere machen und aufsteigen.

Auf diesem Hintergrund gesehen legt das Markusevangelium eine Gegenerzählung vor. Es behauptet den Beginn der Gottesherrschaft und erzählt die Geschichte eines Absteigers. Er wird zwar als König vorgestellt und von manchen als solcher erkannt; auch er macht sich – von Cäsarea Philippi aus (8,27) – auf den Weg in seine Königsstadt, zieht dort als König ein, aber er entspricht ganz und gar nicht dem Königsbild, wie es konventionell jüdisch oder römisch geprägt ist. Dieser „König" wird gegeißelt, verspottet und gekreuzigt. Der Titel, den ihm Petrus am Scheidepunkt in Cäsarea Philippi zuerkennt (Christus = Messias = gesalbter König), scheint desavouiert. Oder doch nicht? In der letzten Szene des Evangeliums, der Grabesgeschichte, wird angedeutet, was eigentlich nur einem Kaiser zusteht: die Apotheose nach dem Tod. Sie wird vom jungen Mann im Grab verschlüsselt verkündet. Und am Ende des Textes bleibt es offen, ob diese Botschaft, die aus der „anderen Welt" kommt, in dieser Welt weitergesagt wird oder verstummt. Denn die Figuren der Erzählung flüchten vom Grab und sagen niemandem auch nur ein Wort. Die Menschen, die diesen Text lesen, sind selbst angefragt, ob sie bereit sind, in diese Bresche zu springen und das

„Evangelium" zu verkünden, indem sie Jesus auf seinem Weg nachfolgen.

Mit dem provozierenden Schluss der Erzählung wird der Leser des Markusevangeliums vor die Frage gestellt, ob er hinter diesem „König" Jesus hergehen, ihm nachfolgen will – mit allen Konsequenzen. Innerhalb der Erzählung des Evangeliums scheuen viele davor zurück. Nicht nur vor der Gefahr des Todes, sondern vor allem vor der Gefahr, in den Spuren Jesu den Weg geradewegs nach unten zu starten. Und es ist aufschlussreich, dass Jesus gerade auf dem Weg nach Jerusalem seinen Schülern den Kreuzweg als einen Dienstweg für andere deutet und in den ausdrücklichen Kontrast zu den Herrschaftsstrukturen des Römischen Reiches stellt: „Ihr wisst, dass diejenigen, die über die Völker zu regieren scheinen, auf sie herunterherrschen, und ihre Großen ihre Vollmacht gegen sie missbrauchen. Nicht so aber ist es bei euch. Sondern: Wer groß werden will unter euch, sei euer Diener, und wer Erster unter euch sein will, sei aller Sklave. Denn auch der Menschensohn ist nicht gekommen, um sich dienen zu lassen, sondern um selbst zu dienen und sein Leben als Lösepreis zu geben für viele" (10,42–45).

Ob auch mit Jesus ein Ruck durchs Reich geht? Ob die Leser sich von diesem Jesus anstecken lassen? Die Belohnung dafür ist durchaus nicht nur jenseitig. Wer in den Spuren Jesu den Weg nach unten geht, tritt in eine Gemeinschaft ein, die ihn selbst trägt, in der es keine patriarchalischen Muster mehr gibt, in der Herrschaftsfiguren *ad acta* gelegt sind, in der es nur den Vater im Himmel, auf Erden aber nur Brüder und Schwestern, allenfalls Mütter gibt (vgl. 3,35; 10,29f.).

Im zeitgeschichtlichen Kontext betrachtet ist die Jesusgeschichte des Markusevangeliums paradigmatisch für die christliche Traditionsvermittlung: Die überkommenen

Traditionen von Jesus werden so weitererzählt, dass sie von den Hörern mit aktuellen Zeitereignissen in Verbindung gebracht werden können. Dabei werden die Maximen Jesu derart eng mit gesellschaftlichen Problemen verknüpft, dass sein Lebensmodell selbst zur unmittelbaren Anfrage an augenblickliche Trends wird. Der Autor des Evangeliums ist so mutig, dass er sogar überkommene theologische Begriffe wie „Auferweckung“ (vgl. 16,1–8) oder „Gottessohn“ (vgl. 1,1) mit Denkmodellen in Zusammenhang bringt, die den Lesern aus ihrer griechisch-römischen Kultur unmittelbar vertraut sind, in Verbindung mit der Gestalt Jesu jedoch mit neuen Inhalten gefüllt werden und dadurch rückwirkend die Konzepte und die damit verbundenen gesellschaftlichen bzw. politischen Wertungen in Frage stellen.

Gliederung, Komposition und Erzählabsicht

In Anlage und Gliederung wird der Weg Jesu, wie er im Markusevangelium erzählt wird, durchsichtig für den Glaubensweg des Einzelnen. Die Handlung spielt an fünf verschiedenen Orten, die in ihrer Symbolhaftigkeit die historischen Reminiszenzen übersteigen: Der erste Teil spielt in der Wüste (1,1–15). Viermal hören wir dieses Stichwort (1,3.4.12.13). Hier tritt Johannes der Täufer auf, um die Taufe zur Umkehr zu verkünden, hier lässt sich Jesus von ihm taufen und wird sofort anschließend *in der Wüste* vom Satan in Versuchung geführt. Der zweite Teil versetzt uns an das *Meer von Galiläa* (1,16–8,21). Hier beruft Jesus seine ersten Schüler (1,16–20), am Meer bzw. vom Meer aus spricht Jesus zu der Menge (2,13; 3,9; 4,1f.). Vom Meer aus geht er nach Kafarnaum hinein (1,21; 2,1) bzw. versucht, das gegenüberliegende Ufer zu erreichen (4,1f.35); dort „am anderen Ufer“ denkt sich der

Verfasser die heidnische Bevölkerung, während diesseits die jüdischen Glaubensgenossen Jesu wohnen (vgl. Karte S. 176). Von drei Bootsfahrten mit unterschiedlich gutem Erfolg wird erzählt – und von einer Landreise: über Tyrus „durch Sidon zum Meer von Galiläa hinauf mitten in die Gegenden der Dekapolis“ (7,31). Während Jesus bei seiner ersten Ankunft am anderen Ufer, in Gerasa, trotz der Heilung des Besessenen von den Bewohnern der Stadt des Landes verwiesen wird (5,1–20), findet er dort, als er zum zweiten Mal kommt, bereits erwartungsvolle Aufnahme: Wie die Leute in Kafarnaum (1,32–34) oder Gennesaret (6,53–56) ihre Kranken zu Jesus bringen, so tragen auch in der Dekapolis die Menschen einen Taubstummen zu Jesus, damit er ihn heile (7,31–37). Der dritte Teil der Erzählung spielt *auf dem Weg*, so die Regieanweisung gleich im ersten (8,27) und – nach mehreren Wiederholungen (9,33.34; 10,32) – im letzten Vers des Abschnittes (8,27–10,52). Der Weg beginnt am nördlichsten Ort Israels, in Cäsarea Philippi, und hat als Zielpunkt Jerusalem ganz im Süden. In 11,1 ist *Jerusalem* erreicht, genauer: Betfage und Betanien am Ölberg. Wie Jesus im Galiläateil ständig zwischen den beiden Meeresufern hin- und herpendelt, so im Jerusalemteil (11,1–15,41) zwischen dem Berg, auf dem Betanien liegt, und dem Tempel. Nur tagsüber hält sich Jesus dort auf, jeden Abend kehrt er nach Betanien zurück. In der einzigen Nacht, die Jesus in Jerusalem verbringt, wird er zum Tod verurteilt. Der letzte Ort unserer Erzählung ist *das Grabmal* (15,42–16,8). Josef von Arimathäa setzt Jesus in seinem eigenen Grabmal bei, die Frauen beobachten das – und eilen am Tag nach dem Sabbat dorthin, finden aber nicht den Leichnam Jesu, sondern einen jungen Mann, der sie mit seiner Botschaft aus der Fassung bringt. Insgesamt ergibt sich damit folgende Gliederung:

in der **Wüste** (1,1–15)

an beiden Ufern des **Meeres** von Galiläa (1,16–8,21)

Blindenheilung (8,22–26)

auf dem **Weg** (8,27–10,45)

Blindenheilung (10,46–52)

zwischen **Berg** und **Tempel** von Jerusalem (11,1–15,41)

im **Grabmal** (15,42–16,8)

Insgesamt ist ein konzentrischer Aufbau erkennbar, der im Mittelteil auf dem Weg sein Zentrum hat. Galiläa- und Jerusalemteil entsprechen sich etwa von der Textmenge her. Es sind die beiden längsten Teile der Erzählung. Beide Teile haben in ihrem Zentrum eine Rede Jesu stehen, die von der Szenerie her die topographischen Grundelemente des jeweiligen Abschnitts aufgreift: Im Galiläateil ist es die Gleichnisrede (4,1–34). Jesus sitzt (in einem Boot) auf dem *Meer*, um – wie der Sämann in der Parabel (4,3–9) – seinen Wortsamen auf die Menge „auf der Erde" zu werfen (4,1f.). Im Jerusalemteil ist es die apokalyptische Rede (13,1–37). Jesus steht auf dem *Ölberg* und schaut auf den *Tempel* hinunter, dessen Zerstörung er ankündigt. Inhaltlich stehen beide Teile im Kontrast zueinander. In Galiläa predigt und heilt Jesus, gewinnt regen Zulauf – und kann auch die skeptische heidnische Bevölkerung am anderen Ufer für sich gewinnen. Im Jerusalemteil zerfällt der Anhängerkreis Jesu: Seine Schüler fliehen alle (14,50). Im Gegensatz zum Galiläateil gelingt es Jesus in Jerusalem nicht, seine Gegner, die Hohenpriester und Schriftgelehrten, für sich zu gewinnen. Sie betreiben seine Verurteilung. Allerdings wirft der Jerusalemteil seine Schatten schon in den Galiläateil voraus: Zweimal kommen die Schriftgelehrten „aus Jerusalem", um Jesus zu beobachten und ihn zur Rede zu stellen (3,22; 7,1).

Auch die beiden Eckteile, Wüste und Grab, entsprechen sich: Es sind die beiden kürzesten Teile. Sie umfassen jeweils nur gut ein Dutzend Verse. Wüste wie Grab sind beides Orte des Todes. Aber in biblischer Überlieferung setzt Gott gerade in der Wüste seinen Neuanfang mit Israel, indem er einen Weg durch die Wüste (babylonisches Exil) bzw. durch die Chaosmacht Meer (Exodus) bahnt. Wenn der Leser am Ende des Textes ins Grab geführt wird, kann er nur hoffen, dass dort – parallel zum Anfang des Evangeliums – von einem Neuanfang erzählt wird. Und tatsächlich tritt auch dort, wie im Wüstenteil, ein Bote Gottes auf: hier der Jüngling, dort Johannes der Täufer. Sagt Johannes das Kommen Jesu an, so verkündigt der Jüngling, wie man Jesus „sehen" kann, obwohl er nicht mehr da ist.

Der Mittelteil ist das Herzstück des Evangeliums: Es bereitet auf den herben Umschwung von Galiläa nach Jerusalem vor. Stehen sich im Galiläateil als Adressaten Jesu die Menge diesseits und jenseits des Meeres gegenüber, in Jerusalem die Gegnerschaft im Tempel und Jesu Anhängerschaft, mit der er täglich von Betanien aus kommt, so ist

Jesus im Wegteil mit seinen Schülern allein. Er geht ihnen voraus – und belehrt sie darüber, was wirkliche Nachfolge bedeutet, was es heißt, den Weg von Galiläa nach Jerusalem hinter ihm herzugehen, am Lebens*weg* Jesu dessen Lebens*programm* verstehen zu lernen und für den eigenen Weg zu internalisieren. Dieser Teil wird durch zwei Blindenheilungen gerahmt. Bei der ersten muss Jesus, wie bei seinen eigenen Schülern, mehrmals Hand anlegen, bis der Blinde endlich klar sieht (8,22–26). Bei der zweiten heißt es am Ende, dass der Blinde, der wieder sehen kann, Jesus „auf seinem Weg nachfolgt" (10,46–52). Das ist das Ziel, wofür der Text auch die Augen der Leser öffnen möchte.

Entstehungszeit und -ort

Als Entstehungszeit für das Markusevangelium kommen die Jahre nach 70 n. Chr. in Frage. Die Zerstörung des Tempels von Jerusalem (70 n. Chr.) scheint vorausgesetzt. Denn die historische Prophetie Jesu gegen den Tempel, die dessen Vernichtung und zugleich einen Neubau ansagt, wird in 14,58 Falschzeugen in den Mund gelegt und von 13,2 her, wo die Schleifung des Tempels samt der ihn umgebenden Gebäude genauso beschrieben wird, wie sie historisch auch geschehen ist (ohne dass es zu einem Neubau gekommen ist), korrigiert. Was die römische Geschichte angeht, schauen Verfasser und Adressaten sowohl auf die neronische Verfolgung (64 n. Chr.) als auch auf die bürgerkriegsartigen Wirren im Dreikaiserjahr (68/69 n. Chr.) zurück und erleben gerade den Aufstieg unter der neuen Herrscherdynastie der Flavier.

Als Entstehungsort kommt nach wie vor am ehesten Rom in Frage, sowohl aus inhaltlichen Gründen als auch aufgrund sprachlicher Eigenarten: Der griechische Urtext weist außerordentlich viele lateinische Lehnwörter (4,21: *modius* = Scheffel; 6,27: *speculator* = Scharfrichter) und Redewendungen (3,6/15,1: *consilium dare/capere*; 15,15: *satisfacere* = zufriedenstellen) auf, so dass zumindest in der Nähe ein römischer Standort anzunehmen ist. Besonders aufschlussreich ist Mk 12,42: Hier wird erklärt, dass zwei „Lepta" einem „Quadrans" entsprechen. Ein Quadrans ist die kleinste römische Münze, die fast ausschließlich in der westlichen Reichshälfte im Umlauf war. Lepta dagegen sind kleine Münzen, wie sie unter Herodes oder den späteren Prokuratoren in Judäa geprägt worden sind. Der Erzähler erklärt also eine Spezialmünze aus den östlichen Provinzen mit einer Münzform, wie sie eigentlich nur in der westlichen Hälfte bekannt ist: Hier sind die Erstadressaten zu suchen. Wenn wir sie unmittelbar in Rom verorten, haben sie die Wirren des Dreikaiserjahres hautnah miterlebt, sind über die Vorgänge bei der Niederschlagung des jüdischen Aufstands bestens informiert und haben den Triumphzug des Kaisers Vespasian anlässlich seines Sieges über die Juden 71 n. Chr. selbst miterlebt (Jos., Bell VI 123–157). In diesem Fall bekommen die besondere Gestaltung der Kreuzigungserzählung, die im Markusevangelium Anklänge an einen Triumphzug hat, und die „Spaltung des Vorhangs des Tempels", der beim Triumphzug des Vespasian als Schauobjekt mitgeführt wurde, aktuelle Relevanz.

Mit den ältesten Handschriften nennen wir den uns unbekannten Verfasser des Evangeliums „Markus". Ursprünglicher Zweck der Kennzeichnung „Evangelium nach Markus" war eigentlich, diesen Erzähltext von den drei anderen Jesusgeschichten gleich im Titel zu unterscheiden. Mit dem römischen Allerweltsnamen Markus ist über Personalnachrichten der Apostelgeschichte (12,12.25; 13,5.13; 15,36–40) und der Paulusbriefe (Phlm 23f.; Kol 4,10; 2 Tim 4,11) einerseits sowie einer entsprechenden Notiz aus dem 1. Petrusbrief (5,13) andererseits ein theologisches Programm verbunden. Dort wird Markus als Mitarbeiter des Paulus vorgestellt, hier von „Petrus" als „mein Sohn" bezeichnet. „Markus" schlägt also eine Brücke zwischen Petrus, der aus der jüdischen Heimat Jesu stammt, und Paulus, der das Evangelium in die Heidenwelt getragen hat. Genau das trifft die Intention der Schrift: die Übersetzung der Jesusbotschaft in den griechisch-römischen Kulturbereich.

In der Wüste (1,1–15)

Wie ein Prolog im antiken Theater führt der erste Teil des Evangeliums in die Hintergründe der Geschichte ein, die ab 1,16 erzählt wird. Wir erfahren, wie es zum Auftreten Jesu in Galiläa und seiner Evangeliumsverkündigung gekommen ist: Am Anfang steht der göttliche Plan im Himmel (1,1–3). In zwei Textblöcken, die im griechischen Urtext jeweils mit „es geschah" einsetzen, werden die irdischen Protagonisten dieses Planes eingeführt: Johannes (1,4–8) und Jesus (1,9–13). Das Scharnierstück 1,14f. ordnet ihre Aktionen gemäß dem göttlichen Plan einander zu und schaut auf die Tätigkeit Jesu in Galiläa voraus.

Der Anfang des Evangeliums (1,1–3)

> 1Anfang des Evangeliums von Jesus Christus – Gottessohn.
> 2Wie geschrieben steht beim Propheten Jesaja: Siehe, ich sende meinen Boten aus vor deinem Angesicht, der deinen Weg vorbereiten soll. 3Stimme eines Rufers in der Wüste: Bereitet den Weg des Herrn, gerade macht seine Pfade!

Wie viele biblische Bücher insbesondere der weisheitlichen und apokalyptischen Tradition (Spr 1,1; Koh 1,1; Hld 1,1; äthHen 1,1) beginnt auch das Markusevangelium mit einem Satz ohne Prädikat, der den Inhalt des Folgenden markant umreißt. In zwei Punkten allerdings lässt dieser Titelsatz aufhorchen: Im Unterschied zu dem, was von Paulus geprägte christliche Ersthörer unter „Evangelium" verstehen, nämlich die nachösterliche Verkündigung von Tod und Auferweckung Jesu als entscheidendem Heilsereignis (Röm 1,15–17), geht es hier um den Anfang, also die Grundlegung und

die eigentliche *Ursache* für das Evangelium. Ungewohnt muss auch der Gottessohntitel klingen, denn im Griechischen fehlen die Artikel, so dass man wörtlich übersetzen müsste: „ein Sohn eines Gottes". Genau so lautet aber der Titel, den römische Kaiser zu ihren Lebzeiten führen, sofern sie ihren Vater offiziell vergöttlichen haben lassen. Jesus wird also mit dem Titel vorgestellt, der dem Ersten im Römischen Reich gebührt, dem Mann, der absolute Befehlsgewalt über ein riesiges Imperium hat. Zur Zeit der Abfassung des Markusevangeliums trägt diesen Titel Vespasian. Nachdem er sich den Kaiserthron durch militärische Erfolge und diplomatisches Geschick hat erobern können, gehen diese Nachrichten als „Evangelien" durch die Alte Welt. Den Ersthörern, denen diese Assoziationen gängig sind, wird mit dem Titelsatz des Markusevangeliums ein Gegenprogramm angekündigt. Hier wird der Anfang eines ganz anderen Evangeliums erzählt, das aber ebenfalls mit einem Herrschaftswechsel verbunden ist. Es ist bezogen auf einen Mann, der einen jüdisch klingenden Namen trägt: Jesus Christus. Er tritt in Galiläa auf und kündigt die Gottesherrschaft an (1,14f.).
Der Anfang, also die Ursache dieses Evangeliums, ist in der Schrift verankert, von Gott selbst initiiert (1,2f.). Szenisch gesehen belauschen wir mit Prophetenworten eine Thronratsszene im Himmel: Gott spricht zu einem namentlich nicht genannten „Du". Es geht um eine Mission auf Erden. Ein ebenfalls namentlich nicht genannter Bote soll den Weg des „Du" vorbereiten. Als „Stimme in der Wüste" qualifiziert der Bote dieses „Du" als „Herr" (Kyrios).
Diese schriftgemäße Verschlüsselung wird dadurch erreicht, dass dem Jesajazitat, das sich auf die Herausführung aus der babylonischen Gefangenschaft bezieht (Jes 40,3 = V. 3), ein Mischzitat aus Mal 3,1 und Ex 23,20 (= V. 2) vorange-

stellt wird. In beiden Fällen spricht Gott: einmal (durch den Propheten Maleachi) zum Volk Israel, dem er einen Boten als Wegbereiter seines Gerichtes ankündigt, einmal zu Mose, dem er einen Begleitengel für den Auszug aus Ägypten verspricht.
Eine großartige Befreiungsaktion ist zu erwarten. Aber die Akteure, die dafür vorgesehen sind, werden erst in den folgenden Passagen, die von der irdischen Umsetzung des göttlichen Plans erzählen, identifiziert.

Der Bote (1,4–8)

> 4Es geschah: Johannes taufte in der Wüste und verkündigte eine Taufe der Umkehr zur Vergebung von Sünden. 5Und es zog zu ihm hinaus das ganze Land Judäa und die Jerusalemer alle, und sie ließen sich von ihm im Jordanfluss taufen, wobei sie ihre Sünden bekannten. 6Und Johannes trug ein Gewand aus Kamelhaaren und einen ledernen Gürtel um seine Hüfte, und er lebte von Heuschrecken und wildem Honig. 7Und er verkündigte und sagte: Es kommt der Stärkere als ich nach mir; ich bin nicht wert, mich zu bücken und ihm den Riemen der Sandalen zu lösen. 8Ich habe euch mit Wasser getauft, er aber wird euch taufen im heiligen Geist.

Der angekündigte Bote ist Johannes. Er tritt „in der Wüste" auf. Wer im Schriftzitat V. 2f. Mal 3,1 mitgehört hat und weiß, dass der dort angekündigte Bote in Mal 3,23f. mit dem wiederkehrenden Elija identifiziert wird, könnte meinen, in Johannes sei dieser *Elija redivivus* gekommen. Denn Johannes trägt die gleichen Kleider, die auch Erkennungsmerkmal für Elija waren (vgl. 2 Kön 1,8). Seine „Wegbereitung" besteht einerseits in der Verkündigung einer „Taufe der Umkehr“ (1,4) und andererseits in der Ankündigung eines „Stärkeren“ (1,7f.). In diesen Aussagen werden alte Täufertraditionen verarbeitet, allerdings auf das faktische Kommen Jesu zugespitzt (anders Mt 3,11: „der Kommende“). Damit ist die Tätigkeit des Täufers beendet („ich habe getauft“; anders: Mt 3,11; Lk 3,16). Schließlich deuten die „Riemen der Sandalen“, die im Bücken aufzuschnüren sich der Täufer nicht für wert hält, daraufhin, dass er eine Person aus aristokratischem Stand erwartet. Nur Senatoren tragen hochgeschnürte Sandalen aus rotem Leder. Aber es kommt anders.

Der Sohn (1,9–13)

> 9Und es geschah: In jenen Tagen kam Jesus von Nazaret in
> Galiläa und ließ sich im Jordan von Johannes taufen. 10Und
> sofort, als er aus dem Wasser heraufstieg, sah er die Himmel
> zerreißen und den Geist wie eine Taube auf ihn herabstei-
> gen. 11Und eine Stimme geschah aus den Himmeln: Du bist
> mein geliebter Sohn, an dir habe ich Gefallen gefunden.
> 12Und sofort warf ihn der Geist in die Wüste hinaus. 13Und er
> war in der Wüste vierzig Tage lang, versucht vom Satan. Und
> er war zusammen mit den wilden Tieren, und die Engel dien-
> ten ihm.

Der kommt, ist kein Aristokrat. Er ist weder durch sein Schuhwerk noch durch sonstige Merkmale als „der Stärkere“ erkennbar. Rein äußerlich ist es ein einfacher Mann aus Nazaret in Galiläa namens Jesus. Wie alle anderen, die zuvor aus Jerusalem und ganz Judäa zu Johannes gekommen sind (1,5), lässt auch er sich von Johannes taufen. Das Besondere wird anschließend erzählt: in den beiden Szenen, die im

Urtext jeweils durch „und sofort“ abgetrennt sind (1,10f.12f.). Nur Jesus kann das Außerordentliche wahrnehmen, das am Jordan hier geschieht („sah er“) – und der Leser, dem es der Autor erzählt: Das Himmelsgewölbe, an dem nach antiker Weltvorstellung Sonne, Mond und Sterne befestigt sind (vgl. Gen 1,14–19), öffnet sich. In einer Gegenbewegung steigt aus der göttlichen Welt Gottes Geist auf Jesus herab, der seinerseits gerade aus dem Wasser heraufsteigt. Die Stimme, die ebenfalls aus dieser göttlichen Welt kommt, identifiziert den Galiläer Jesus mit dem „Du“, das im himmlischen Thronrat von Gott angesprochen wurde (1,2). Dazu wird im Zitat aus Ps 2,7 („mein Sohn bist du“) das „Du“ betont vorangestellt und die Adoptionsformel „heute habe ich dich gezeugt“ durch Zitationssplitter aus dem Lied vom Gottesknecht, auf den Gott seinen Geist legt (Jes 42,1), und der Erzählung von Abraham, der seinen Sohn den schweren Weg zum Berg im Land Morija führt („geliebter Sohn“: Gen 22,2.12.16) ersetzt.

Abrupt wechselt die Szenerie. Der gleiche Geist Gottes, durch den Jesus später die Dämonen „hinauswerfen“ wird (vgl. 1,34.39; 3,15.22 u. ö.), „wirft“ Jesus in die Wüste „hinaus“, wo er vom Satan in Versuchung geführt wird. Worin diese Versuchung besteht, wird nicht gesagt. Von 8,33 her, wo Petrus als „Satan“ bezeichnet wird, weil er Jesus seinen Weg nach Jerusalem nicht gehen lassen will, wird es genau um diesen Weg ans Kreuz gehen. Das ist der Weg des „Herrn“ (1,3). Satan will ihn verhindern. Der Ausgang der Versuchung wird durch die Szenerie, die durch das Zusammenleben mit wilden Tieren an die Paradiesschilderung erinnert, angedeutet: Anders als der alte Adam hält Jesus der Versuchung stand. Darin erweist sich Jesus als „der Stärkere“. Die endgültige Besiegung „des Starken“ (vgl. 3,27) hat begonnen.

Die Ansage des Evangeliums (1,14f.)

> [14]Nachdem Johannes überliefert worden war, kam Jesus nach Galiläa und verkündigte das Evangelium Gottes. [15]Er sagte: Erfüllt ist die Zeit, und angekommen ist die Königsherrschaft Gottes. Kehrt um und glaubt an das Evangelium!

Der Abschluss des Prologs bindet die beiden Protagonisten im Blick auf den göttlichen Plan zusammen. Die „Wegbereitung" des Täufers geht damit zu Ende, dass er „überliefert" wird. Gemeint ist seine Gefangenschaft, die mit seiner Hinrichtung endet. Ausführlich erzählt wird davon erst in 6,14–29. Auch Jesu Weg ans Kreuz wird stereotyp mit dem Wort „überliefern" umschrieben (vgl. 9,31; 10,33; 14,18.42). Der Täufer erleidet also als Erster das Geschick Jesu. Darin besteht seine „Wegbereitung". Der „Vorläufer" ist eigentlich Jesu erster Nachfolger. Er geht selbst den Weg, für den Jesus später seine Schüler gewinnen will (vgl. 8,34–38).
Jesu Aktion in der Öffentlichkeit beginnt mit der Ansage des „Evangeliums Gottes". Es bezieht sich auf den Plan Gottes (1,2f.), dessen Durchführung mit dem Auftreten der beiden Protagonisten Johannes und Jesus bereits begonnen hat („erfüllt ist die Zeit"). Ziel des göttlichen Plans ist ein Herrschaftswechsel („angekommen ist die Königsherrschaft Gottes"). Allerdings wird die Gottesherrschaft nicht durch militärische Siege und diplomatische Verhandlungen herbeigeführt, sondern durch „Umkehr" und „Glaube". „Umkehr" bezieht sich auf die Lehre Jesu, die ein Umdenken (so der wörtliche Sinn des Griechischen *meta-noein*) erfordert. Der Glaube bezieht sich auf das Evangelium, eben auf den Plan Gottes im Himmel.

Theologisches Anliegen des Prologs ist es also, Leben und Lehre Jesu im Plan Gottes zu verankern, dessen Ziel der Herrschaftswechsel, die Etablierung der Gottesherrschaft auf Erden ist. Der Weg dahin ist am Weg Jesu ablesbar, der durch den gleich gestalteten Weg des Täufers vorbereitet wird. Nicht *dass* Jesus als Sohn Gottes auf Erden erscheint, sondern dass dieser Sohn Gottes einen *bestimmten Weg geht*, führt zur Gottesherrschaft. Dieser Weg zeigt, wie das „Evangelium Gottes", das die Gottesherrschaft avisiert, in dieser Welt Wirklichkeit werden kann.
Wie dieser „Weg" konkret aussieht und zu welchen Konsequenzen er führt, erzählt die folgende Geschichte, die in Galiläa einsetzt.

An beiden Ufern des Meeres von Galiläa (1,16–8,26)

Am Meer: Der Ruf in die Nachfolge (1,16–20)

> [16]Und als er am Meer von Galiläa vorüberging, sah er Simon
> und Andreas, den Bruder Simons, wie sie (Wurfnetze) auswar-
> fen auf dem Meer. Sie waren nämlich Fischer. [17]Und es sagte
> ihnen Jesus: Hierher – hinter mich! Und ich werde machen,
> dass ihr Menschenfischer werdet. [18]Und sofort verließen sie
> ihre Netze und folgten ihm nach. [19]Und als er ein wenig wei-
> terging, sah er Jakobus, den (Sohn) des Zebedäus, und
> Johannes, seinen Bruder. Und sie waren im Boot und richteten
> (ihre Netze zum Auswerfen) her. [20]Und sofort rief er sie. Und
> nachdem sie ihren Vater Zebedäus zusammen mit seinen
> Tagelöhnern im Boot verlassen hatten, gingen sie weg – hinter
> Jesus her.

Die erste Aktion Jesu: Er fordert Menschen dazu auf, ihm auf seinem Weg „hinterher zu gehen", wie es in V. 17 (als Aufforderung) und in V. 20 (als Ausführung) wörtlich heißt. Mit dieser terminologischen Klammer wird erklärt, was „Nachfolge" (V. 18) bedeutet. Als Erzählmuster wird die Berufung des Elischa durch Elija (1 Kön 19,19–21) aufgegriffen. Damit ist eine bestimmte Berufungstypologie verbunden: Menschen folgen nicht einem inneren Ruf (vgl. Jer 1,4–10), sondern werden von einem anderen Menschen angesprochen und mitten aus ihrer Alltagsarbeit gerissen. Die Verheißung „ich werde machen, dass ihr Menschenfischer werdet" knüpft einerseits an die Alltagsbeschäftigung der Berufenen an und münzt andererseits das Kriegsbild aus Jer 16,16 positiv um. Innerhalb der mk Jesusgeschichte wird sie

nur ansatzweise erfüllt (vgl. 6,30–33). Aber die Erzählung schaut auf eine Zeit voraus, in der allen Völkern das Evangelium verkündigt wird (13,10; 14,9). Die Frage ist nur: von wem?
Die Berufenen sind Jesu ständige Begleiter, wie an den ab sofort einsetzenden Pluralformen der Verben erkennbar wird („sie ziehen …“).

Die folgenden drei Perikopen erzählen einen exemplarischen Tag Jesu. Er beginnt in der Synagoge (1,21–28), führt ins Haus (1,29–31) und endet damit, dass die ganze Stadt sich vor der Haustüre versammelt (1,32–34): der erste Kafarnaum-Zyklus.

Die neue Lehre in der Synagoge (1,21–28)

21Und sie ziehen nach Kafarnaum hinein. Und sofort am Sabbat kam er in die Synagoge hinein und lehrte. 22Und sie waren außer Fassung über seine Lehre; denn er lehrte sie wie einer, der Vollmacht hat, und nicht wie die Schriftgelehrten. 23Und sofort: Es war in ihrer Synagoge ein Mensch mit einem unreinen Geist, und er begann zu kreischen. 24Er sagte: Was haben wir mit dir zu schaffen, Jesus, Nazarener? Bist du gekommen, um uns zu vernichten? Ich weiß, wer du bist: der Heilige Gottes. 25Und Jesus herrschte ihn an. Er sagte: Verstumme und komm aus ihm heraus! 26Und es riss ihn der unreine Geist, und mit lauter Stimme rufend kam er aus ihm heraus. 27Und sie erschraken alle, so dass sie untereinander zu diskutieren begannen. Sie sagten: Was ist das? Eine neue Lehre mit Vollmacht: sogar den unreinen Geistern gebietet er, und sie gehorchen ihm. 28Und es verbreitete sich die Kunde von ihm sofort überall hin in das ganze Umland Galiläas.

Um eine alte Exorzismusgeschichte (1,23–27) hat der Erzähler in einer Art Sandwich-Technik einen neuen thematischen Rahmen gelegt: die Lehre Jesu. Sie wird vom Publikum in der Synagoge bestaunt und vom Erzähler virtuell von der Lehre der Schriftgelehrten abgesetzt (1,22). Die ursprünglich katechetisch gedachte Abschlussfrage: „Wer ist dieser?“ (vgl. 4,41) wurde abgeändert und ebenfalls auf die Lehre Jesu bezogen: „Was ist das? Eine neue Lehre ...“ (1,27). Dadurch wird Mehrfaches erreicht: Die Austreibung wird als Folge der Lehre Jesu gesehen. Der präzise Inhalt dieser Lehre jedoch wird erst „auf dem Weg“ (8,27–10,52) mitgeteilt. Umgekehrt wird die Lehre Jesu wegen der gelungenen Dämonenaustreibung als vollmächtig qualifiziert: Jesu Worte bewirken, was sie sagen. Seine Befehlsgewalt (= „Vollmacht“ = griech. *exousia* = lat. *imperium*) erstreckt sich sogar auf die Welt der unreinen Geister, die ihrerseits in seinem Kommen ihren Untergang nahen sehen (1,24). Schließlich fällt auf die Schriftgelehrten, die als Gegner Jesu erst ab 2,6 auf der Bühne der Erzählung persönlich auftreten werden, bereits im Vorfeld ein dunkler Schatten.

Die Heilung im Haus (1,29–31)

> 29 Und sofort, nachdem sie aus der Synagoge herausgekommen waren, kamen sie in das Haus von Simon und Andreas, zusammen mit Jakobus und Johannes. 30 Die Schwiegermutter Simons aber lag mit Fieber danieder. Und sofort sagen sie ihm über sie (Bescheid). 31 Und er kam herzu und richtete sie auf, indem er ihre Hand ergriff. Und es verließ sie das Fieber, und sie diente ihnen.

Aus dem öffentlichen Raum der Synagoge tritt Jesus in den privaten Raum des Hauses. Das Haus ist im Markusevangelium immer Raum der Schülerschaft. Hier finden Sonderbelehrungen statt (7,17–23; 9,28f.; 10,10–12), hier wird das Schülersein reflektiert (9,33–50), hier werden symbolische Trennlinien gezogen (3,20–35) und hier wird Mahl gehalten (2,15–17; 3,20; 14,22–25). Auch in unserer Heilungsgeschichte wird das Haus zum Raum der Schülerschaft: denn nach der Heilung der Schwiegermutter heißt es von ihr: „und sie diente ihnen" (V. 31). Damit ist konkret gemeint: Sie bedient beim Mahl, das sie für Jesus und seine Begleiter zubereitet hat. Damit nimmt die Schwiegermutter – ohne Belehrung – vorweg, was die Schüler Jesu von ihm nur mühsam lernen: „Denn auch der Menschensohn ist nicht gekommen, um sich dienen zu lassen, sondern um selbst zu dienen und sein Leben als Lösepreis zu geben für viele" (10,45). Den Weg Jesu (ans Kreuz) hinterhergehen, das zeigt sich in der Bereitschaft zum Dienst für andere.

Die ganze Stadt vor der Tür (1,32–34)

> 32Nachdem es aber Abend geworden war, als die Sonne unterging, brachten sie zu ihm alle, denen es schlecht ging, und die von Dämonen Besessenen. 33Und es war die ganze Stadt versammelt an der Tür. 34Und er behandelte viele, denen es durch vielerlei Krankheiten schlecht ging, und viele Dämonen warf er hinaus, und er ließ die Dämonen nicht reden, weil sie ihn kannten.

In diesem Sammelbericht werden die gerade erzählten Einzeltaten in umgekehrter Reihenfolge vervielfacht durchgeführt: Heilungen und Exorzismen. Auffällig ist das Schweigegebot an die Dämonen: Jesus braucht keine Propaganda für sich als Gottessohn, sondern Menschen, die seinen Weg hinter ihm hergehen.

Der Rückzug Jesu und die Verfolgung durch die Schüler (1,35–39)

> [35]Und frühmorgens, als noch tiefe Nacht war, kam er, nachdem
> er aufgestanden war, heraus und ging weg an einen wüsten
> Ort. Und dort betete er. [36]Und es verfolgte ihn Simon und die
> mit ihm. [37]Und sie fanden ihn und sagen ihm: Alle suchen dich.
> [38]Und er sagt ihnen: Gehen wir anderswohin, in die benach-
> barten Ortschaften, damit ich auch dort verkündige. Dazu
> nämlich bin ich herausgekommen. [39]Und er kam als Verkündi-
> ger in ihre Synagogen nach ganz Galiläa und warf die Dämo-
> nen hinaus.

Jesus zieht sich zurück – unverständlich für die Begleiter Jesu, die ihn „verfolgen“ und zu weiteren Heilungen animieren wollen. Jesus verweigert sich. Es entspricht nicht dem Programm seines Kommens (1,2f.), nämlich den Weg vorzuleben, auf dem die Gottesherrschaft kommt. Der Ansturm der ganzen Stadt vor dem Haus (1,33) ist durch die Hoffnung auf Heilung bewirkt und nicht durch die Nachahmung dienender Schülerschaft motiviert. Um diese Lehre zu verkündigen, geht Jesus in die Synagogen und treibt Dämonen aus, wie es exemplarisch in 1,21–28 erzählt wurde.

Ein Aussätziger als erster Verkündiger und der Zustrom zu Jesus (1,40–45)

> [40]Und es kommt zu ihm ein Aussätziger, der ihn um Hilfe bit-
> tet, auf die Knie fällt und ihm sagt: Wenn du willst, kannst du
> mich rein machen. [41]Und weil er Mitleid hatte, streckte er seine
> Hand aus, berührte ihn und sagt ihm: Ich will, werde rein!

42Und sofort ging der Aussatz von ihm weg, und er wurde rein.
43Und er schnaubte ihn an, warf ihn sofort hinaus 44und sagt
ihm: Sieh zu, dass du niemandem etwas sagst, sondern los, zeig dich dem Priester und bringe für deine Reinigung dar, was Mose festgesetzt hat – ihnen zum Zeugnis. 45Der aber ging
hinaus und begann, eifrig zu verkündigen und das Wort zu verbreiten, so dass er nicht mehr offen in eine Stadt hineingehen konnte, sondern außerhalb an wüsten Orten war. Und sie kamen zu ihm von überall her.

Erneut kommt es zu einer Rückzugsbewegung (1,45), aber aus einem anderen Grund: Jesus berührt einen Aussätzigen – und macht sich dadurch selbst unrein. Als „Aussatz" gelten alle Arten von Hautkrankheiten, egal, ob sie nach heutiger medizinischer Auffassung ansteckend sind oder nicht. Eiternde oder nässende Hautausschläge machen kultisch unrein. Die daran Erkrankten müssen isoliert werden (Lev 13,45f.). Aussatz bedeutet Abschied vom sozialen Leben.
Nur von großen Gottesmännern wie Mose und Elischa werden Aussatzheilungen erzählt (Num 12,10–15; 2 Kön 5). Mit seiner Bitte „wenn du willst, kannst du mich rein machen" (1,40) stellt der Aussätzige Jesus in diese Reihe. Aber anders als die großen Gottesmänner, die durch ihre *mündlichen* Anweisungen den Heilungsprozess einleiten, *berührt* Jesus den Aussätzigen. Er steckt sich mit dessen Unreinheit an und schickt ihn zurück ins soziale Leben. Die Reintegration soll, wie vom Gesetz vorgeschrieben (Lev 14,2–32), von einem Priester offiziell erklärt werden. Allerdings soll der Geheilte niemandem von dem Übertragungsvorgang erzählen. Die Einleitung zu diesem Verbot klingt im griechischen Urtext heftig: „Und er schnaubte ihn an, warf ihn sofort hinaus" (V. 43). Ohne die folgende verbale Äußerung V. 44 war damit ursprünglich das Austreibungsritual gemeint, das dem

Aussatzdämon galt. Jetzt ist die Aussage auf den Geheilten bezogen. Aber trotz der drastischen Gestik bleibt das Verbot ohne Erfolg. Der geheilte Aussätzige hält sich nicht daran, sondern „verbreitet das Wort" (vgl. V. 45). Leider wird dessen Inhalt nicht spezifiziert. Im Rückblick auf das erzählte Geschehen könnte man folgendermaßen paraphrasieren: Der Geheilte macht überall bekannt, dass Jesus sich an ihm unrein gemacht hat, um ihm die Rückkehr ins soziale Leben zu ermöglichen. Obwohl Jesus sich, den gesetzlichen Vorschriften entsprechend, nun selbst aus der Öffentlichkeit zurückzieht, weil er durch das Wort des Aussätzigen seinerseits als Aussätziger geoutet wird, kommen alle zu ihm. Es ist dieses „Wort", das die Menschen anzieht: Es verdeutlicht die Schülerregel vom Dienen (vgl. 9,35; 10,45) an Jesu eigenem Verhalten. Der Aussätzige wird – ohne Autorisierung und eigentlich gegen den ausdrücklichen Befehl Jesu – zum ersten Verkündiger des Evangeliums im Sinne der Propaganda für den Weg, den Jesus selbst geht.

Erneut kommt Jesus nach Kafarnaum. Anders als der exemplarische Tag in Kafarnaum 1,21–34 beginnt der zweite Kafarnaum-Zyklus im Haus (2,1–12) und endet in der Synagoge (3,1–6). Die Szenarios sind dem Leser vertraut: Kaum wird bekannt, dass Jesus im Haus ist, versammelt sich eine große Menschenmenge vor der Tür, und Jesus lehrt sie (2,1f. vgl. 1,33). In die Synagoge geht Jesus am Sabbat (3,1f. vgl. 1,21). Am Meer beruft Jesus den Zöllner Levi (2,13f. vgl. 1,16–20). Im Haus findet ein Mahl unter den Nachfolgern statt (2,15–17 vgl. 1,29–31). Neu ist: Die in 1,22 lediglich zum Vergleich genannten Gegner treten tatsächlich auf. Die Schriftgelehrten der Pharisäer, die auch kurz Pharisäer genannt werden können, stellen das Verhalten Jesu bzw. seiner Nachfolger in Frage. Jesus muss sich und seine Schüler verteidigen. Der Form nach handelt es sich bei den vorliegenden fünf Erzähleinheiten um Streitgespräche, deren Kennzeichen ist, dass Jesus das letzte Wort behält, ohne dass eine Reaktion darauf erzählt wird. Jesus locutus – causa finita, könnte man sagen. In den rahmenden Perikopen 2,1–12 und 3,1–6 geht es um die Vollmacht Jesu, die er jeweils durch eine Heilung demonstriert. Im Mittelteil steht die religiöse Praxis der Schülerschaft zur Frage: ihre Zusammensetzung, wie sie in der Mahlgemeinschaft demonstriert wird (2,15–17), ihre Fastenpraxis (2,18–22) sowie ihre Sabbatpraxis (2,23–28). Wiederum im Zentrum dieser drei Streitgespräche ist die Weisheitsregel von der Unvereinbarkeit von Alt und Neu (2,21f.) platziert.

Heilung und Sündenvergebung (2,1–12)

> 1Und als er wieder nach Kafarnaum hineinkam, hörte man
> nach Tagen, dass er im Haus ist. 2Und es versammelten sich
> viele, so dass kein Platz mehr war, nicht einmal an der Tür. Und
> er redete ihnen das Wort. 3Und sie kommen und bringen zu
> ihm einen Gelähmten, getragen von Vieren. 4Und weil sie ihn
> wegen der Volksmenge nicht zu ihm bringen konnten, deckten
> sie das Dach ab, wo er war, gruben es auf und ließen die
> Pritsche hinunter, auf der der Gelähmte lag. 5Und als Jesus
> ihren Glauben sah, sagt er dem Gelähmten: Kind, erlassen
> werden deine Sünden. 6Es saßen aber einige der Schriftge-
> lehrten dort und überlegten in ihren Herzen: 7Was redet dieser
> so? Er lästert! Wer kann Sünden erlassen außer dem einen
> Gott? 8Und sofort erkennt Jesus in seinem Geist, dass sie so bei
> sich überlegen. Er sagt ihnen: Warum überlegt ihr das in euren
> Herzen? 9Was ist leichter, dem Gelähmten zu sagen: Erlassen
> werden deine Sünden!, oder zu sagen: Steh auf, nimm deine

> Pritsche und geh umher!? [10]Damit ihr aber wisst, dass Vollmacht hat der Menschensohn, Sünden zu erlassen auf der Erde – sagt er dem Gelähmten: [11]Dir sage ich, steh auf, nimm deine Pritsche und los in dein Haus! [12]Und er stand auf, nahm sofort seine Pritsche und ging weg vor allen, so dass alle außer sich gerieten, Gott priesen und sagten: So etwas haben wir noch nie gesehen!

Diese Wundergeschichte (V. 3–5.11f.) wird durchbrochen durch den Hinweis auf die Gedanken der Schriftgelehrten, die Jesus allerdings durchschaut (V. 6–10). Ihr Urteil steht fest: Jesus lästert. Der Grund: Die Vollmacht zur Sündenvergebung steht allein dem einzigen Gott zu und ist an das Tempelritual (vgl. Lev 1–5) gebunden. Auf diesen lautlosen Zwischenruf der Schriftgelehrten hin wird die Heilung des Gelähmten instrumentalisiert, um das zu zeigen, was der Leser schon längst weiß: Jesus ist diese umstrittene Vollmacht von Gott selbst gegeben (1,2f.10f.).
Eigentlich hat Jesus höchstpersönlich das theologische Unbehagen der Schriftgelehrten verursacht: Anstelle eines Heilungswortes spricht er dem Gelähmten die Sündenvergebung zu. Der Grund: Jesus sieht *ihren* Glauben, also nicht nur den des Gelähmten, sondern auch den seiner vier Träger. Das kann sich nur auf die solidarische Aktion beziehen, die keine Hindernisse scheut, um den Gelähmten Jesus vor die Füße zu setzen (V. 3f.). Darin spiegelt sich die Annahme der Botschaft Jesu (V. 2: „das Wort"), die sich nicht nur im Vertrauen zu Jesus und der von ihm verkündeten nahen Gottesherrschaft zeigt („Glaube"), sondern gleichzeitig im aktiven Einsatz für einen, der sich selbst nicht helfen kann, umgesetzt wird („Umkehr"). Diesem Verhalten korrespondiert der Zuspruch der Sündenvergebung im Mund Jesu. Der Leser, der den Prolog im Kopf hat, fragt sich: Kon-

kretisiert sich darin die „Taufe der Umkehr zur Vergebung von Sünden“ (1,4), die der Täufer verkündigt hat und die nun vom Geistträger Jesus (1,10f.) vollzogen wird? Ist das seine Taufe „im heiligen Geist“ (1,8)?
Wer Jesu Ruf folgt, wer sich auf seine Lehre („das Wort“) einlässt und sie in die Tat umsetzt, erhält die (Taufe der) Sündenvergebung. Er ist bereits im Königtum Gottes. Die eigentliche Heilung besteht also darin, auf die Botschaft Jesu zu hören, sie auf sich selbst zu beziehen und entsprechend zu handeln. Davon erzählt auch die folgende Episode.

Nachfolge und Mahl (2,13–17)

13Und er kam wieder heraus ans Meer. Und die ganze Volksmenge kam zu ihm. Und er lehrte sie. 14Und im Vorübergehen sah er Levi, den (Sohn) des Alfäus, an der Zollstelle sitzen. Und er sagt ihm: Folge mir nach. Und er stand auf und folgte ihm nach. 15Und es geschieht, dass er zu Tisch liegt in seinem Haus, und viele Zöllner und Sünder lagen zusammen mit Jesus und seinen Schülern bei Tisch. Es waren nämlich viele. Und sie folgten ihm nach. 16Und als die Schriftgelehrten der Pharisäer sahen, dass er mit den Sündern und Zöllnern isst, sagten sie seinen Schülern: Dass er mit den Zöllnern und Sündern isst? 17Und Jesus hörte (es) und sagt ihnen: Nicht nötig haben die Starken einen Arzt, sondern die, denen es schlecht geht. Nicht bin ich gekommen, zu rufen Gerechte, sondern Sünder.

Die Berufungsgeschichte des Levi (V. 14) ist literarisch völlig gleich gestaltet wie die der beiden Brüderpaare in 1,16–20. Trotzdem gehört Levi nicht zum späteren Zwölferkreis (3,16–19). Der Kreis der Nachfolger ist also offener und größer als der Zwölferkreis – und die Grenzen nach außen werden neu gezogen. Das wird auch in der Mahlszene deutlich (V. 15–17): Jesus und seine Schüler liegen mit Levi und vielen anderen „Zöllnern und Sündern" zu Tisch. Zöllner sind für die Einziehung der indirekten Steuern zuständig, also z. B. für Brücken-, Markt- und Salzsteuer. Sie sind zwar Juden, arbeiten aber mit den von Rom abhängigen Landesfürsten, in Galiläa also mit Herodes Antipas, Hand in Hand. Im Alltag werden sie als verlängerter Arm Roms erlebt. Deshalb sind sie bei der Bevölkerung äußert unbeliebt – und werden mit dem religiösen Stigma „Sünder" belegt. Sie verhalten sich nicht gemäß der Gruppennorm.

Es ist auffällig, dass ausgerechnet in dieser Mahlszene mit Zöllnern und Sündern die Nachfolger Jesu, deren Zahl sich bereits erheblich vermehrt hat (V. 15), zum ersten Mal „Schüler" (so die normale Bedeutung des Wortes, das gewöhnlich mit „Jünger" übersetzt wird) genannt werden. In dieser Szene kann offensichtlich Wesentliches vom Lehrer Jesus gelernt werden: Für ihn ist nicht die Einordnung in geltende religiöse Schablonen entscheidend, in diesem Fall also in „Gerechte" und „Sünder". Für ihn ist allein maßgeblich, ob sich jemand auf seine Botschaft einlässt und sie in seiner Lebenspraxis umsetzt. Metaphorisch bezeichnet sich Jesus als „Arzt" für die Kranken. Er will also einen Heilungs*prozess* in Gang setzen. Aber das ist nur für diejenigen möglich, die sich heilen *lassen* wollen, d. h. die vor Jesus den Status des Kranken (= Sünders) zugeben. Ohne Bild gesprochen: die von Jesus lernen wollen und sich deshalb in seine Schule begeben. Das Lernprogramm ist die Umsetzung der Botschaft Jesu. Wer sich auf diesem Weg (vgl. 8,27–10,52) heilen lassen will, den „ruft" Jesus, wofür im Griechischen das gleiche Wort steht wie für „einladen" (V. 17). Gastgeber ist Jesus. Eingeladen/gerufen ist, wer sich auf seine Botschaft einlässt. Das sind die neuen Grenzen.

Fasten und Feiern (2,18–22)

18Und es waren die Schüler (des) Johannes und die Pharisäer
beim Fasten. Und sie kommen und sagen ihm: Weswegen fasten
die Schüler (des) Johannes und die Schüler der Pharisäer, deine
Schüler aber fasten nicht? 19Und es sagte ihnen Jesus: Können
etwa die Hochzeitsgäste fasten, während der Bräutigam bei
ihnen ist? Solange sie den Bräutigam bei sich haben, können sie
nicht fasten. 20Kommen aber werden Tage, da wird der
Bräutigam von ihnen entrissen. Und dann werden sie fasten, an
jenem Tag. 21Niemand näht ein Stück ungewalkten Tuches auf
einen alten Mantel. Andernfalls reißt das Füllstück von ihm ab,
das neue vom alten, und der Riss wird schlimmer. 22Und nie-
mand füllt neuen Wein in alte Schläuche. Andernfalls wird der
Wein die Schläuche zerreißen, und der Wein geht zugrunde und
die Schläuche. Sondern: neuen Wein in neue Schläuche!

Jesus und seine Gruppe lassen sich nicht in gängige Schemata pressen. Genau das wollen die ungenannten Fragesteller in V. 18 tun. Für die Johannesschüler ist ein strenges Bußfasten typisch. Pharisäer fasten montags und donnerstags (vgl. Did 8,1; Lk 18,12). Wie ordnet ihr euch ein?, lautet die Frage an Jesus. Jesus verweigert sich einem derartigen Ansinnen. Es geht nicht darum, durch religiöse Riten sich als Gruppe von anderen abzusetzen, sondern im Verhalten auf Jesus, den Verkündiger der Gottesherrschaft, ausgerichtet zu bleiben. Deshalb: nicht fasten, sondern feiern wie es sich anlässlich einer Hochzeitsfeier gehört, solange Jesus da ist. Dagegen fasten im Sinn eines Gedenkfastens an Jesu Tod („an jenem Tag"), sobald er seinen Schülern „entrissen" ist. Durch diesen Terminus, der eine Entrückung in den Himmel assoziieren lässt, ist bereits angedeutet, dass Jesus von dort wiederkommen

und dann die Hochzeitsfeier fröhlich fortsetzen wird (vgl. 14,25).
Mit den Regeln für Reisende (V. 21f.), die schlecht beraten wären, wenn sie „neuen", also noch gärenden Wein in ihre alten Lederschläuche gössen oder ihren alten Reisemantel mit einem Stück aus frisch gewebtem Tuch flicken wollten, das sich bei Nässe sofort zusammenzieht und den alten Riss dann noch vergrößert, wird im Blick auf die Gemeinde folgender Grundsatz angedeutet: Eine neue Lehre muss auch in neue Formen gegossen werden. Das betrifft die Mahl-, Fasten- und Sabbatpraxis der Gemeinde. Was das konkret heißt, demonstriert Jesus mit seinem Verhalten, das er vor den religiösen Autoritäten zu rechtfertigen versteht.

Sabbat und religiöse Gesetzgebung (2,23–28)

> 23Und es geschah, dass er am Sabbat durch die Saaten zog, und
> seine Schüler begannen beim Gehen die Ähren zu raufen.
> 24Und die Pharisäer sagten ihm: Schau, warum tun sie am
> Sabbat, was nicht erlaubt ist? 25Und er sagt ihnen: Habt ihr
> niemals gelesen, was David tat, als er Mangel hatte und Hun-
> ger litt – er selbst und die mit ihm? 26Wie er hineinging in das
> Haus Gottes zur Zeit des Hohenpriesters Abjatar und die
> Schaubrote aß, die zu essen nicht erlaubt ist außer den Pries-
> tern, und (wie) er auch denen gab, die bei ihm waren? 27Und er
> sagte ihnen: Der Sabbat ist um des Menschen willen da, und
> nicht der Mensch um des Sabbats willen. 28So dass Herr ist der
> Menschensohn auch über den Sabbat.

Der Einwand der Pharisäer, der sich auf das Ährenraufen im Sinn einer Erntearbeit bezieht, die am Sabbat natürlich verboten ist, klingt weit weniger spitzfindig, wenn wir die

Gattung des Streitgesprächs beachten: Typische Fragestellungen werden anhand konkreter Fallbeispiele behandelt. In unserem Fall geht es sachlich um das Verhältnis von rituellen Vorschriften und den konkreten Bedürfnissen von Menschen, generell um die Auslegungsrichtung religiöser Tradition. Das wird am Beispiel des Ährenraufens durchexerziert.

Jesus kontert die scheinbar minutiöse Einhaltung religiöser Vorschriften, wie sie durch die Pharisäer personalisiert wird, dreifach: (1) durch den Rekurs auf die Schrift. Das analoge Beispiel aus den Davidserzählungen (V. 25f. vgl. 1 Sam 21,2–7) demonstriert: Die eigene Tradition lässt andere Tendenzen in der Auslegung des Sabbatgebots zu. Menschliche Not setzt auch die heiligsten Normen außer Kraft. Das soll an der Davidsepisode, die zwar nicht an einem Sabbat spielt, aber den Umgang mit kultischen Normen zeigt, erkannt werden. (2) Generell sind religiöse Vorschriften, wie die Sabbatgesetzgebung, zugunsten des Menschen eingerichtet. Ist das in der Praxis nicht der Fall, haben sie ihren (von Gott gewollten) Richtungssinn verloren (V. 27). (3) Jesus selbst nimmt in Anspruch, „Herr ... auch über den Sabbat" zu sein (V. 28). Das bedeutet in diesem Kontext: Seine Auslegungstendenz beansprucht göttliche Vollmacht. Darauf darf sich die entstehende Nachfolgergemeinde, deren Verhalten angefragt war (V. 23f.), verlassen.

Sabbat, Heilung und Tötungsplan (3,1–6)

1 Und er kam wieder in die Synagoge. Und es war dort ein Mensch, der eine verdorrte Hand hatte. 2 Und sie beobachteten ihn, ob er ihn am Sabbat behandeln werde, damit sie Anklage gegen ihn erheben könnten. 3 Und er sagt dem Menschen mit

der dürren Hand: Steh auf, in die Mitte! 4Und er sagt ihnen: Ist es erlaubt, am Sabbat Gutes zu tun oder Böses zu tun, Leben zu retten oder zu töten? Sie aber schwiegen. 5Und nachdem er sie der Reihe nach mit Zorn angeschaut hatte, betrübt über die Verhärtung ihres Herzens, sagt er dem Menschen: Streck deine Hand aus! Und er streckte sie aus, und wiederhergestellt wurde seine Hand. 6Und nachdem die Pharisäer herausgekommen waren, fassten sie sofort mit den Herodianern einen Beschluss gegen ihn, dass sie ihn vernichten.

Wie in der Eröffnungsgeschichte des zweiten Kafarnaum-Zyklus (2,6f.) lauern auch in dessen letzter Episode die (Schriftgelehrten der) Pharisäer (und die Anhänger des Herodes) Jesus auf – diesmal in der Synagoge (3,2). Auch in diesem Fall rechtfertigt sich Jesus, ohne dass es zu einem verbalen Vorwurf seitens der Pharisäer gekommen ist: „Ist es erlaubt, am Sabbat Gutes zu tun oder Böses zu tun, Leben zu retten oder zu töten?" (V. 4). Diese Aussage ist gehässig gegenüber dem Judentum und würde jüdische Gesprächspartner damals wie heute beleidigen, weil sachlich die eindeutige Auslegungstendenz der Sabbatobservanz ins Gegenteil verkehrt wird. Lebensgefahr, d. h. Einsatz für die Lebenserhaltung, bricht jegliches Sabbatgebot (vgl. 1 Makk 2,41). Deshalb ist nach der theologischen Problematik zu fragen, die dieses Streitgespräch mit der Szene in der Synagoge auf dem Hintergrund des bisher Erzählten aufrollt. Böses tun steht parallel zu dem Verhalten, dass sich nicht auf Jesu Programm einlässt. Die Herzensverhärtung (V. 5), die sich diesem Programm und seiner Konkretisierung verschließt, steht daher im Gegensatz zum „Glauben an das Evangelium", das Jesus verkündet. Konkretisiert wird dieser Sachverhalt an der Heilung des Menschen mit einer verkrüppelten Hand. Es handelt sich um einen Bettler, der sei-

nen Lebensunterhalt nicht durch die Arbeit seiner eigenen Hände erwirtschaften kann. Stellen die vier Träger den Gelähmten Jesus direkt vor die Füße (2,4), so lässt Jesus diesen Bettler in die Mitte der Synagoge treten (V. 3). Er verschafft damit diesem Mann, der ein soziales Randdasein führt, zentrale Geltung innerhalb der Gottesdienstgemeinde. Dafür, dass sein Problem – am Sabbat – in die Mitte gestellt und er wieder in das normale Leben reintegriert wird, nimmt Jesus für sich die Feindschaft seiner Kontrahenten und schließlich den Tod in Kauf.
Mit seiner Aktion in der Synagoge macht Jesus auf einen sozial an den Rand Gedrängten aufmerksam und stellt ihn ins Zentrum, sozusagen an die erste Stelle. Im Gesamtduktus des Markusevangeliums gelesen ist diese Umkehrung der Sozialpyramide (vgl. 10,43f.: „... wer Erster unter euch sein will ...") – und zwar im Sinn von Realisierung wahrer Sabbatobservanz – der eigentliche Grund dafür, weshalb Pharisäer und Herodianer sich gegen Jesus verbünden (vgl. auch 12,13–17; 8,15) und zum Äußersten bereit sind, womit sie genau dem entsprechen, was man am Sabbat nicht tun soll: Böses tun. Historisch ist eine derartige Koalition zwischen religiösen Reinheitsfanatikern (vgl. 7,1–23) und politischen Anhängern der herodianischen Herrschaft (vgl. 6,21) undenkbar. Was sie dem Markusevangelium gemäß jedoch verbindet, ist ihr Hang dazu, „Erste" sein zu wollen (12,38–40; 6,21). Dass sie mit scharfem Blick auf die strenge Befolgung religiöser und politischer Gesetzgebung (vgl. 12,13–17) achten, dient letztlich der Sicherung ihrer eigenen sozialen Stellung. Spätestens hier muss der Leser merken: Sie repräsentieren einen bestimmten Typ. Pharisäer und Herodianer verweigern sich dem Gottesherrschaftsprogramm, wie es im Markusevangelium durch die Aktionen Jesu Schritt für Schritt konkretisiert wird. Deshalb wird der Tod Jesu mit seiner Lehre in Verbindung

gebracht (3,6). Anders gesagt: Im Markusevangelium geht Jesus für seine Lehre in den Tod. Die seine Lehre nicht annehmen, betreiben seinen Tod. Der Beschluss, der später in Jerusalem von Schriftgelehrten, Ältesten und Hohenpriestern, dem Jerusalemer Pendant zur religiösen und politischen Elite Galiläas, getroffen wird (15,1), ist in 3,6 als Abschluss der Auseinandersetzung mit der Lehre Jesu bereits gefallen. Der Vorwurf der Lästerung (2,7) wird vom Hohenpriester wiederholt (14,64). Die Fronten sind klar: An der Lehre Jesu und ihrem Anspruch scheiden sich die Geister.

Die folgenden beiden Episoden spielen am Meer (vgl. ab hier die Karte S. 174) – dorthin folgen Jesus Massen von Menschen nach (3,7–12) – und auf dem Berg: von dort ruft Jesus die Zwölf aus der Masse zu sich herauf (3,13–19). Der dritte Rückzug Jesu (vgl. 1,35.45) markiert in der Erzählung die Scheidung von Gegnern, die seine Lehre bis auf den Tod bekämpfen, Nachfolgern, die ihm in Massen zuströmen, und dem Kreis der Zwölf, die in die Fußstapfen Jesu treten sollen.

Am Meer: Rückzug und Andrang (3,7–12)

7Und Jesus zog sich mit seinen Schülern ans Meer zurück. Und
eine große Menschenmenge von Galiläa [folgte nach]. Auch
aus Judäa 8und von Jerusalem und von Idumäa und jenseits
des Jordans und (aus der Gegend) um Tyrus und Sidon eine
große Menschenmenge: Sie hatten gehört, was er tat, und
kamen zu ihm. 9Und er sagte seinen Schülern, dass ihm ein
Boot zur Verfügung stehen solle wegen der Volksmenge, dass
sie ihn nicht erdrückten. 10Viele nämlich behandelte er, so dass
alle, die Plagen hatten, ihn anfielen, damit sie ihn berühren

könnten. [11]Und die unreinen Geister, wenn sie ihn wahrnahmen, fielen vor ihm nieder und krächzten. Sie sagten: Du bist der Sohn Gottes. [12]Und gewaltig herrschte er sie an, damit sie ihn nicht bekannt machten.

Der Zustrom zu Jesus ist erheblich größer als der zum Täufer (1,5). Ausdrücklich werden mit den Gegenden von Sidon und Tyrus heidnische Gebiete genannt, in die sich Jesus nach der nächsten scharfen Auseinandersetzung mit den Schriftgelehrten (7,1–23) zurückziehen wird (7,24–8,9). Dass die Menschen in derartigen Massen zu Jesus kommen, hat seinen Grund darin, dass sie von seinen Taten gehört haben (vgl. 1,28.45). Das Evangelium, das einmal bis an die Grenzen der Erde dringen soll (13,10; 14,9) und dessen Basis in der vorliegenden Schrift gelegt wird (1,1), wird bereits innerhalb der Erzählung vorbildhaft in die Tat umgesetzt und erreicht die erwünschte Wirkung. Das Boot, das Jesus gleichsam zu seinem Schutz einsetzen lässt, dient einerseits dazu, um den Andrang der Massen empirisch zu verdeutlichen. Andererseits grenzt es diejenigen, die bereits mit Jesus „im Boot" sind, von denen ab, die noch vor der Entscheidung stehen. Als Requisit überspannt das Boot den gesamten Galiläateil: ausgehend von den ersten Berufungen (1,16–20) bis hin zur letzten Überfahrt (8,13–21). Von da an ist Jesus – endlich – mit seinen Schülern allein und kann ihnen den Kern seiner Lehre „auf dem Weg" nach Jerusalem erklären.
Dass Jesus den Dämonen Schweigen gebietet, obwohl sie inhaltlich das gleiche aussagen wie die Gottesstimme aus dem Himmel (1,11), hat den gleichen Grund wie in 1,34: Das Wissen um die Gottessohnschaft Jesu reicht nicht aus. Entscheidend ist es, den Weg des Gottessohnes, wie er an den Taten Jesu ablesbar und in seiner Lehre versprachlicht wird, als von Gott gewollt zu erkennen und selbst zu gehen.

Auf dem Berg: Installation der Zwölf (3,13–19)

> 13Und er steigt auf den Berg und ruft herbei, die er selbst woll-
> te. Und sie kamen zu ihm. 14Und er machte zwölf, [die er auch
> Apostel nannte], damit sie bei ihm seien und damit er sie aus-
> sende, zu verkündigen 15und Vollmacht zu haben, Dämonen
> hinauszuwerfen. 16[Und er machte die Zwölf], und er verlieh
> dem Simon einen Beinamen: Petrus, 17und Jakobus, den (Sohn)
> des Zebedäus, und Johannes, den Bruder des Jakobus, und er
> verlieh ihnen einen Beinamen: Boanerges, d. h. Donnersöhne,
> 18und Andreas und Philippus und Bartholomäus und Matthäus
> und Thomas und Jakobus, den (Sohn) des Alfäus, und Taddäus
> und Simon, den Kanaanäer, 19und Judas Iskariot, der ihn über-
> lieferte.

Anders als für den historischen Jesus und in anderen Traditionslinien des Urchristentums sind die Zwölf bei Markus weder Repräsentanten der zwölf Stämme Israels, noch erhalten sie eine Funktion beim letzten Gericht (Mt 19,28 vgl. Lk 22,28–30). Bei Markus fungieren die Zwölf als *Begleiter* Jesu (V. 14: „damit sie bei ihm seien"). Aus seinen Taten und von seinen Worten sollen sie lernen, um dann selbst seine Rolle übernehmen zu können. In der erzählerischen Durchführung werden drei Phasen unterschieden: Berufung (1,16–20; 2,14), Auswahl (3,13–19) und Beauftragung der Zwölf (6,7–13).

Für die Nennung der Namen übernimmt Markus eine alte Liste, die er aber umgruppiert. Er trennt das Brüderpaar Petrus und Andreas und stellt, vielleicht in Anlehnung an die drei Führungsautoritäten von Gal 2,9, ein Dreiergremium (Petrus, Jakobus und Johannes) an die Spitze, das dadurch ausgezeichnet ist, dass die Kandidaten mit einem speziellen Beinamen belegt werden und Jesus in Grenzsituationen begleiten dürfen (5,37; 9,2; 14,33). Aber auch die „Überlieferung" Jesu (vgl. aber Einheitsübersetzung: „der ihn dann verraten hat") durch ein Mitglied des Zwölferkreises wird nicht verschwiegen (V. 19).

Warum werden die Zwölf aus dem Kreis der Nachfolger, deren große Anzahl das Markusevangelium eigens betont, derart heraus- und geradezu in die Höhe (Berg!) gehoben? Auch andere wurden von Jesus berufen (2,14); auch andere setzen Jesu Programm um (1,31) und sorgen unautorisiert für die Verbreitung „des Wortes" (1,45). Die markinische Jesusgeschichte erzählt von der Installation des Zwölfergremiums, um Kontinuität vom „Anfang des Evangeliums" zum Leser herzustellen. Gerade weil die Zwölf im Laufe der Jesusgeschichte versagen und die ihnen zugedachte Aufgabe nicht übernehmen, kommt es auf die anderen an, die bereits innerhalb der Erzählung des Evangeliums – und außerhalb: in der Lebenswelt der Leser – das tun, was die Zwölf eigentlich hätten tun sollen.

Die drei folgenden Abschnitte sind in Sandwichmanier zusammengebunden: Die Verteidigungsrede Jesu gegen den Beelzebul-Vorwurf (V. 23–30) wird gerahmt von den Interaktionen, die vor und im Haus stattfinden (V. 20–22.31–35). Drinnen im Haus sind Jesus, seine Schüler (V. 20) und Volk „um ihn" (V. 20.32.34).

Die Familie und Gegner vor dem Haus (3,20–22)

20Und er kommt in ein Haus und wiederum kommt [die] Volksmenge zusammen, so dass sie nicht einmal Brot essen können. 21Und als die ihm Nahestehenden (davon) hörten, kamen sie heraus, um ihn zu ergreifen. Sie sagten nämlich: Er ist außer sich! [22]Und die Schriftgelehrten, die von Jerusalem herabgestiegen waren, sagten: Beelzebul hat er. Und: Im Herrscher der Dämonen wirft er die Dämonen hinaus.

Wer ist Herr im Haus? (3,23–30)

[23]Und nachdem er sie zusammengerufen hatte, sagte er ihnen in Vergleichen: Wie kann Satan Satan hinauswerfen? [24]Und: Wenn eine Königsherrschaft sich gegen sich selbst entzweit, kann jene Königsherrschaft keinen Bestand haben. [25]Und: Wenn ein Haus sich gegen sich selbst entzweit, wird jenes Haus keinen Bestand haben können. [26]Und: Wenn der Satan gegen sich selbst aufsteht und sich entzweit, kann er nicht bestehen bleiben, sondern hat ein Ende. [27]Aber: Niemand kann in das Haus des Starken hineingehen, um seine Habe zu plündern, es sei denn, er fesselt den Starken zuerst, und dann wird er sein Haus ausplündern. [28]Amen, ich sage euch: Alles wird erlassen werden den Söhnen der Menschen, die Sünden und Lästerungen, soviel sie auch lästern mögen. [29]Wer aber wider den heiligen Geist lästert, hat keinen Erlass in Ewigkeit, sondern ist schuldig ewiger Sünde. [30]Weil sie gesagt hatten: Einen unreinen Geist hat er.

Die „Familie“ im Haus (3,31–35)

[31]Und es kommt seine Mutter und seine Brüder. Und sie standen draußen und sandten zu ihm, um ihn zu rufen. [32]Und es saß um ihn herum eine Volksmenge. Und sie sagen ihm: Siehe, deine Mutter und deine Brüder [und deine Schwestern] draußen suchen dich. [33]Und er antwortet ihnen. Er sagt: Wer ist

meine Mutter und meine Brüder? 34Und er blickte die um ihn herum in einem Kreis saßen der Reihe nach an und sagt: Siehe da, meine Mutter und meine Brüder! 35Wer nämlich den Willen Gottes tut, der ist mir Bruder und Schwester und Mutter.

Draußen vor dem Haus steht die leibliche Familie Jesu (V. 31), die angereist ist, um ihn zu ergreifen (V. 21). In gleicher Weise sind die Schriftgelehrten aus Jerusalem angereist – ebenfalls um Jesus zu ergreifen (V. 22)? Wie die Familie („Er ist außer sich“) halten auch sie Jesus für besessen („Beelzebul hat er“) und werfen ihm außerdem einen Pakt mit Beelzebul, dem Herrscher der Dämonen, vor.
Gegen Letzteres setzt sich Jesus mit weisheitlichen Sprüchen zur Wehr: Ein „Teufelspakt“ wäre Bürgerkrieg im Satansreich (V. 24–26). Den „Hausrat“ (= Dämonen) „des Starken“ (= Satan) zu rauben, kann nur im Interesse eines von außen kommenden stärkeren Gegners liegen. Aber um diese Plünderung erfolgreich durchführen zu können, muss zuvor „der Starke“ „gefesselt“ werden (V. 27). Ist damit angedeutet, dass Jesus in der Versuchung (1,12f.) als der vom Täufer angekündigte „Stärkere“ (1,7) die Macht Satans gebunden hat und deshalb seine Untergebenen, die Dämonen, austreiben kann? Das ist der Glaube der Gruppe „drinnen“, sofern sie dieses Gleichnis versteht (vgl. 4,10–12).
Der Vorwurf der Besessenheit (V. 21f.) ist ein Fundamentalangriff auf die Sendung Jesu. Mit der Behauptung „einen unreinen Geist hat er“, wie die Vorwürfe von Familie und Schriftgelehrten in V. 30 zusammengefasst werden, wird der Auftrag Jesu, von dem ja nur der Leser sicher weiß (1,1–15), grundsätzlich in Frage gestellt. Wie die Schriftgelehrten Jesus wegen der von ihm praktizierten Sündenvergebung Lästerung vorwerfen (2,7), so wird umgekehrt nun ihnen der

Vorwurf, Jesus habe einen unreinen Geist, als Lästerung ausgelegt – und zwar als eine, die nicht vergebbar ist (28f.): Die Sündenvergebung ist an Jesus als Geistträger (1,10) gebunden. Wer das verneint, entzieht sich selbst dieser Möglichkeit.
Inhaltlich an dieser Streitfrage orientiert wird szenisch in V. 31–35 die Trennung von leiblicher (draußen) und geistlicher Familie (drinnen) vollzogen: mit einer Geste („er blickte die um ihn herum der Reihe nach an"), mit einer Identifikation („siehe da, meine Mutter ...") und mit einer Definition („wer nämlich den Willen Gottes tut ..."). Von der Sabbatgeschichte 2,23–28 her weiß der Leser, dass den Willen Gottes erfüllt, wer die jüdische Tradition in der Richtungstendenz Jesu versteht und praktiziert, in seiner Lehre also den autoritativen Gotteswillen erkennt.

Die in 3,9 vorbereitete Szenerie wird in 4,1 extensiv für eine ausführliche Lehrrede über die Gottesherrschaft genutzt: Jesus sitzt wie in einer Lehrkanzel im Boot auf dem Meer, die Menschen, zu denen er spricht, stehen auf der Erde. Im Voraus wird damit die Handlung der ersten Parabel überblendet: Wie der Sämann den Samen auf die Erde aussät, so Jesus das Wort auf die Menschen, die auf der Erde stehen.
Die Exegese unterscheidet Gleichnisse, die auf ständig wiederkehrende Erfahrungen rekurrieren, und Parabeln, die Sonderfälle erzählen. Der griechische Text selbst spricht einheitlich von „Parabeln", was wörtlich mit „Vergleichen" bzw. „Rätselreden" übersetzt werden kann, die entsprechend „aufgelöst" (V. 34) werden müssen. Als Vergleiche für die Gottesherrschaft dienen Wachstumsprozesse in der Natur. Dabei liegt das Schwergewicht der Schilderung bei der Sämannsparabel auf dem Keimen und Aufgehen der Saat (V. 3–9), beim Gleichnis

vom schlafenden Bauern auf dem automatischen Wachsen der Saat (V. 26–29) und bei der Senfkornparabel auf dem Ergebnis am Ende (V. 30–32). Diese drei Gleichnistexte sind um die interne Schülerunterweisung im Zentrum (V. 10–25), in deren Mitte wiederum die Auslegung der Sämannsparabel steht (13–20), gruppiert. Der Abschluss (V. 33f.) weist sowohl die Gleichnisse als auch deren Auflösung als exemplarische Vorgänge aus. Die Szenerie der Einleitung (V. 1f.) wird in der anschließenden Seesturmerzählung wieder aufgegriffen (4,35).

Die Parabel vom Sämann (4,1–9)

> [1]Und wieder begann er am Meer zu lehren. Und es versammelt
> sich bei ihm eine sehr große Volksmenge, so dass er in ein Boot
> stieg, um sich zu setzen – auf dem Meer. Und die ganze
> Volksmenge stand in Richtung Meer auf der Erde. [2]Und er lehr-
> te sie in Vergleichen vieles, und sagte ihnen in seiner Lehre:
> [3]Hört! Siehe, herauskam der Sämann, um zu säen. [4]Und es
> geschah: Beim Säen fiel das eine auf den Weg, und es kamen
> die Vögel und fraßen es auf. [5]Und ein anderes fiel auf Felsiges,
> wo es nicht viel Erde hatte. Und sofort ging es auf, weil es
> keine Tiefe (in) der Erde hatte. [6]Und als die Sonne aufging,
> wurde es verbrannt. Und weil es keine Wurzel hatte, verdorrte
> es. [7]Und ein anderes fiel in die Dornen. Und die Dornen stiegen
> hoch und erstickten es. Und es gab keine Frucht. [8]Und andere
> fielen auf die gute Erde, stiegen hoch, wuchsen und gaben
> Frucht. Und es brachte eines dreißigfach und eines sechzigfach
> und eines hundertfach. [9]Und er sagte: Wer Ohren hat zu
> hören, der soll hören!

„Sät nicht unter die Dornen!“ (Jer 4,3), so lautet die Erfahrungsregel für Bauern. Genau daran hält sich der Sämann, von dem Jesus erzählt, nicht: Er sät aus – ohne Berechnung. Allerdings sollte nicht übersehen werden, dass im griechischen Text nur „das eine" und „ein anderes" (V. 4.5.7) auf den Weg, auf felsigen Boden bzw. in die Dornen fällt, wogegen andere – also alle restlichen – Samenkörner (Plural!) auf gute Erde fallen. Trotzdem ist es erstaunlich, mit welch großer Aufmerksamkeit das Ringen gerade derjenigen Samenkörner beschrieben wird, die vor der Übermacht der Hindernisse am Ende kapitulieren und dann keine Frucht bringen. Der allergrößte Teil des Samenguts geht demnach auf. Der Ertrag ist überwältigend und im Erwartungshorizont der antiken Landwirtschaft geradezu fantastisch (vgl. Gen 26,12). Der Optimismus des Erzählers spiegelt sich nicht zuletzt in der sich steigernden Reihenfolge der Ertragsmeldungen (vgl. dagegen Mt 13,8).

Das Geheimnis der Gottesherrschaft (4,10–12)

> 10 Und als es geschah, (dass sie) alleine (waren), fragten ihn die um ihn zusammen mit den Zwölfen nach den Vergleichen.
> 11 Und er sagte ihnen: Euch ist das Geheimnis der Königsherrschaft Gottes gegeben. Jenen draußen aber geschieht alles in Vergleichen,
> 12 damit Blickende blicken und nicht sehen, und Hörende hören und nicht verstehen, damit sie nicht etwa umkehren und ihnen erlassen wird.

Mit der separaten Belehrung ab V. 10 wird die Trennung zwischen „denen drinnen" und „jenen draußen", wie sie in der vorausgehenden Hausszene im Zusammenhang mit dem Beelzebul-Vorwurf etabliert wurde (3,20–35), erneut aufgegriffen: „Denen drinnen" ist das Geheimnis der Gottesherrschaft gegeben. Mit „Geheimnissen" (Plural) sind in der apokalyptischen Theologie gewöhnlich die einzelnen Ereignisse der Endzeit im Zusammenhang mit der Durchsetzung der Gottesherrschaft gemeint. Nur die in den göttlichen Heilsplan Eingeweihten wissen darum. Mit „dem Geheimnis“ (Singular) dürfte deshalb Jesus selbst gemeint sein: Er ist, so weiß es der Leser aus dem Prolog, der Repräsentant und Akteur der Gottesherrschaft, das Ereignis schlechthin, mit dem nach dem göttlichen Plan im Himmel die Durchsetzung der Gottesherrschaft auf Erden beginnt – in seiner Lehre und in seinen Taten. Davon sprechen auch die Gleichnisse, sofern sie von Jesus, dem Geheimnis der Gottesherrschaft her verstanden werden. Das ist die Chance für „die drinnen“. Für alle anderen, „die draußen sind“, bleiben die Geschichten aus der Landwirtschaft „nur“ Gleichnisse. Der Erzähltext hat all diejenigen im Blick, die sich der Einsicht verweigern, dass Gottes Geist in Jesus wirkt (3,21f.). Mit dieser selbst verschuldeten Verstockung berauben sie sich der Möglichkeit, tiefer zu sehen, die Worte Jesu wirklich zu verstehen, umzukehren und Sündenvergebung zu erlangen, wie es Markus mit dem Jesajazitat (Jes 6,9f.) zum Ausdruck bringt, das im Urchristentum gewöhnlich dafür herangezogen wurde, um dem Rätsel beizukommen, warum Juden die Botschaft Jesu nicht annehmen (Apg 28,26f.; Joh 12,40; vgl. Röm 9,18).

Erneut scheinen die Fronten klar. Aber im Lauf der Geschichte, die Markus erzählt, werden die Schüler, insbesondere die Zwölf, selbst zu Nicht-Verstehenden, wie es Jesus gleich im Anschluss, sozusagen als „Vorwort“ zur Erklärung der Sämannsparabel leicht tadelnd zum Ausdruck bringt (4,13; vgl. 7,18). Auch das Herz der Schüler kann verstockt sein (6,52). Und am Ende des Galiläateils scheinen sie um keinen Deut besser als „jene draußen“ (8,17f.21). Markus will den Leser miterleben lassen: Die Grenzen sind fließend.

Aus Insidern können schnell Outsider werden. Alles liegt daran, an Jesus, dem Geheimnis der Gottesherrschaft, deren Konturen zu erkennen bzw. durch Jesu Worte und Taten den Weg, auf dem die Gottesherrschaft kommt, zu verstehen.

Die Deutung der Parabel vom Sämann (4,13–20)

> 13Und er sagt ihnen: Nicht versteht ihr diesen Vergleich? Und wie werdet ihr alle Vergleiche erkennen? 14Der Sämann sät das Wort. 15Diese sind die auf dem Weg, wo das Wort gesät wird: Und wenn sie hören, kommt sofort der Satan und nimmt das Wort weg, das in sie hineingesät wurde. 16Und diese sind die auf Felsiges Gesäten: Wenn sie das Wort hören, nehmen sie es sofort mit Freude auf. 17Aber sie haben keine Wurzel in sich, sondern sind Augenblicksmenschen. Danach, wenn Drangsal oder Verfolgung wegen des Wortes entsteht, nehmen sie sofort Anstoß. 18Und andere sind die in die Dornen Gesäten: Diese sind die, die das Wort gehört haben, 19aber die Sorgen der Welt und das Blendwerk des Reichtums und die Begierden nach allem Übrigen ziehen ein und ersticken das Wort. Und es wird fruchtlos. 20Und jene sind die auf die gute Erde Gesäten: Sie hören das Wort und nehmen es auf und bringen Frucht, eines dreißigfach und eines sechzigfach und eines hundertfach.

Es liegt eine allegorische Deutung der Sämannsparabel vor: Einzelne Bildelemente werden „aufgelöst", d. h. definitorisch bestimmten Sachverhalten zugeordnet; in unserem Fall die einzelnen Samenkörner bestimmten Menschentypen, die sich allerdings nicht ohne weiteres mit einzelnen Personengruppen aus der Erzählung parallelisieren lassen. Darauf kommt es dem Erzähler auch nicht an. Die kleine Inkonsequenz, die in seiner Deutungsreihe entsteht (vermutlich dadurch, dass er einen bereits vorliegenden Stoff überarbeitet), zeigt sein eigentliches Interesse: Zu Beginn der Identifikationsreihe setzt er die Samenkörner, die im Anschluss für bestimmte *Hörertypen* stehen (V. 15–20), mit dem *Wort* gleich, das der Sämann aussät (V. 14). Das Gottesreich wächst also durch die Lehre Jesu, „das Wort", das er verkündigt (vgl. 2,2). Offen und ohne Entschlüsselung bleibt allein, wer der Sämann ist. Von der Szenerie her sollte es dem Leser klar sein: niemand anders als Jesus. Allerdings belehrt ihn die geschickte Erzählstrategie des Evangelisten, dass die Zwölf diese Rolle einmal übernehmen sollen (3,14f.) – und andere Figuren, die anonym und zum Teil völlig ungenannt bleiben (1,45; vgl. 1,28; 3,8), diese Rolle bereits längst übernommen haben. Die Leerstelle hinsichtlich der klaren Identifikation des Sämanns ist also bewusst gesetzt.

Vom rechten Hören (4,21–25)

> 21Und er sagte ihnen: Kommt etwa die Lampe, damit sie unter den Scheffel gestellt wird oder unter die Liege? Nicht (viel mehr), damit sie auf den Leuchter gestellt wird? 22Nicht nämlich gibt es Verborgenes, außer damit es bekannt wird, und auch nicht geschah Geheimes, außer damit es an die Öffentlichkeit kommt. 23Wenn jemand Ohren hat zu hören, soll er hören! 24Und er sagte ihnen: Schaut, was ihr hört! Mit dem Maß, mit dem ihr messt, wird euch gemessen werden – und es wird euch hinzugefügt werden. 25Wer nämlich hat, dem wird gegeben werden. Und wer nicht hat, von dem wird auch das, was er hat, weggenommen werden.

Die vier weisheitlichen Sprüche, die hier verarbeitet werden, bringen ursprünglich Erfahrungen im Umgang mit einer Öllampe (V. 21), der Geheimhaltung von Geheimnissen (V. 22), dem Handel (V. 24) und dem ständig wachsenden Reichtum der Reichen (V. 25) zum Ausdruck. Sie werden zu zwei Paaren zusammengestellt und jeweils begründend aufeinander bezogen (V. 22.25: „nämlich“). Die Aufmerksamkeitsrufe (V. 23f.), diesmal im Zentrum der Reihe stehend und nicht, wie in der Sämannsparabel, als Rahmen um den Gleichnistext gesetzt (4,3.9), geben das Signal, auf den tieferen Sinn der Erfahrungssprüche zu achten. Darauf deuten auch Besonderheiten in der Formulierung: Auffällig ist das viermalige finale „damit“. Die Sprüche sollen also eine Regel zum Ausdruck bringen, die einem zielgerichteten Plan entspricht. Auffällig ist schließlich, dass die Lampe personalisiert wird: „Kommt etwa die Lampe ...“ Das erinnert an 1,7: „Es kommt der Stärkere ...“ Mit der Lampe ist also „das Geheimnis der Königsherrschaft Gottes“ (4,11), gemeint. Dieses „Geheimnis“ darf nicht verborgen bleiben. Es ist Gottes Plan, dass das „Geheimnis der Königsherrschaft Gottes“ in Jesu Worten und Taten ans Licht kommt.

In dieser Linie gelesen bezieht sich das folgende Spruchpaar V. 24f. auf die Schüler, eben auf die Insider: Sie sollen „ohne Maß“ Samen auswerfen, das Wort verkündigen. Denn: Wer „das Geheimnis“ hat, kann nur dazugewinnen. Ansonsten verliert man alles.

Der Aufmerksamkeitsruf, der den Doppelspruch einleitet, der auf die Schüler bezogen ist, lautet wörtlich übersetzt: „Schaut, was ihr hört!“ (V. 24). Damit könnte bereits die Brücke geschlagen sein zum Wunderzyklus, der sich unmittelbar an das Gleichniskapitel anschließt (4,35–6,56). Dort wird in den Taten Jesu sichtbar, wovon die Gleichnisse nur in Bildern reden können.

Das Gleichnis vom Wachsen der Saat (4,26–29)

> 26 Und er sagte: So verhält es sich mit der Königsherrschaft
> Gottes – wie mit einem Menschen, der Samen auf die Erde
> wirft 27 und schläft und aufsteht, es wird Nacht und Tag, und
> der Same sprosst und wird lang, wie – weiß er selbst nicht.
> 28 Automatisch bringt die Erde Frucht, zuerst Halm, dann Ähre,
> dann volles Korn in der Ähre. 29 Wenn aber die Frucht übergibt,
> sofort sendet er die Sichel aus, denn die Ernte ist da.

Alles, was ein Bauer im Blick auf eine gute Ernte tun kann, ist: kräftig auszusäen. Auf den Wachstumsprozess hat er keinen Einfluss. Alles liegt also daran, dass die Verkündiger kräftig ausstreuen, die Lehre Jesu unter die Leute bringen. Das ist Saat für die Gottesherrschaft. Alles weitere liegt nicht in ihren Händen.

Die Parabel vom Senfkorn (4,30–32)

> 30 Und er sagte: Womit sollen wir die Königsherrschaft Gottes
> vergleichen, oder mit welchem Vergleich sie (dar)stellen? 31 Wie
> mit einem Senfkorn, das, wenn es auf die Erde gesät wird, am
> kleinsten unter allen Samen auf der Erde ist. 32 Und wenn es
> gesät ist, steigt es auf und wird größer als alle Kräuter und
> treibt große Zweige, so dass die Vögel des Himmels unter seinem Schatten nisten können.

Die Parabel hebt auf den Kontrast zwischen dem sprichwörtlich kleinen Senfkorn (wenige Millimeter Durchmesser) und der riesigen Staude ab (2–3 Meter hoch), die daraus entsteht. In Rekurs auf Ez 17,23 wird sie mit den Worten des Weltenbaumes geschildert, in dessen Schatten die Vögel des Himmels nisten. Damit wird bereits im Bild vorweggenommen, worauf das Markusevangelium mit der Verkündigung abzielt (vgl. 13,10; 14,9): auf die weltweite Annahme des Evangeliums.

Abschlusskommentar (4,33f.)

> 33Und mit vielen derartigen Vergleichen redete er ihnen das Wort, wie sie es hören konnten. 34Ohne Vergleich aber redete er nicht (zu) ihnen. Für sich aber löste er den eigenen Schülern alles auf.

In den Gleichnissen kommt das „Geheimnis der Königsherrschaft Gottes“ zum Ausdruck. Sie zu hören und sich ihnen nicht zu verschließen, ist der erste Schritt auf dem Weg zur Schülerschaft. Das betrifft die drei Gleichnistexte, die als Adressaten die Menge „auf der Erde“ haben. Wer jedoch „ins Boot“ einsteigen will, muss deren tieferen Sinn erfassen bzw. sich ihn von Jesus erschließen („auflösen“) lassen. Das betrifft die Zwölf und „die um Jesus“ im Blick auf die Deutungen des Mittelteils. Nachdem hier aber nur ein Gleichnis wirklich „aufgelöst“ wird (V. 14–20), in V. 34 jedoch davon die Rede ist, dass Jesus seinen Schülern „alles auflöste“, wenn er mit ihnen allein war, ist zu erwarten, dass weitere solcher Schülerbelehrungen mit entsprechenden Entschlüsselungen folgen werden.

Der folgende größere Textabschnitt 4,35–6,56 besteht aus einem ringförmig aufgebauten Wunderzyklus, der von einer ebenfalls ringförmig strukturierten, aber inhaltlich Kontrastpunkte setzenden Erzähleinheit durchbrochen (6,1–34) und durch einen Sammelbericht (6,53–56) abgeschlossen wird. Den äußeren Rahmen bilden zwei Seesturmgeschichten, in denen Jesus seinen Schülern zu Hilfe kommt (4,35–41; 6,45–52). Im Zentrum des Abschnitts stehen die beiden im Sandwichverfahren kombinierten Glaubensgeschichten von der blutflüssigen Frau (5,25–34) und dem Jairustöchterlein (5,21–24.35–43) der Unglaubensgeschichte vom Auftritt Jesu in Nazaret (6,1–6a) gegenüber, auf die Aussendung und Rückkehr der Schüler folgen (6,6b–13.30–34), die ihrerseits wiederum die Legende von der Enthauptung des Täufers rahmen, in deren Zentrum die Schilderung des Herodesgastmahls steht (6,14–29). Auf diese Weise wird die Passionsthematik in den Galiläateil eingespielt und mit der Aussendung der Nachfolger verknüpft: Sie geschieht im Angesicht der Passionsgeschichte des Vorläufers. Andererseits bildet das Herodesgastmahl die Gegenfolie für die Speisung der Fünftausend durch Jesus (6,35–44).

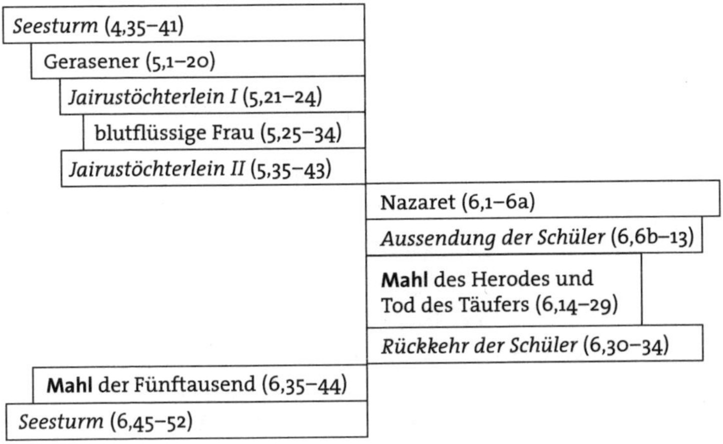

Der Sturm auf dem Meer (4,35–41)

> 35 Und er sagt ihnen an jenem Tag, nachdem es Abend gewor-
> den war: Lasst uns auf die andere Seite (des Meeres) fahren!
> 36 Und sie lassen die Volksmenge (stehen) und nehmen ihn,
> wie er war im Boot, mit. Und andere Boote waren bei ihm.
> 37 Und es entsteht ein großer Wirbelsturm, und die Wellen war-
> fen sich auf das Boot, so dass sich das Boot schon füllte. 38 Und
> er – er war im Heck und schlief auf einem Kopfkissen. Und sie
> wecken ihn und sagen ihm: Lehrer, kümmert es dich nicht, dass
> wir zugrunde gehen? 39 Und aufgeweckt herrschte er den Wind
> an und sagte dem Meer: Schweig, verstumme! Und es legte
> sich der Wind, und es entstand große Stille. 40 Und er sagte
> ihnen: Was seid ihr feige? Habt ihr noch keinen Glauben?
> 41 Und sie fürchteten sich sehr und sagten zueinander: Wer also
> ist dieser, dass ihm sogar der Wind und das Meer gehorcht?

Aufgrund der Schilderung in V. 36 („und andere Boote waren bei ihm"; vgl. 3,14) wird es im Rückblick verständlich, wie Jesus – im Boot auf dem Meer – nicht nur den Zwölfen, sondern gleichzeitig einer unbestimmt großen Menge „um ihn" eine spezielle Schülerbelehrung erteilen konnte (4,10): Sie haben Jesus in anderen Booten begleitet – und sind jetzt auch beim Seesturm mit dabei. Der Kreis der ernsthaft Nachfolgenden („die drinnen") ist größer als der Zwölferkreis. Die „Ersatzleute" stehen innerhalb der Evangeliumserzählung bereit.

Den literarischen Hintergrund für unsere Erzählung bildet die Jonageschichte. Aus deren Sturmschilderung und der anschließenden Rettungsaktion werden Formulierungen wörtlich aufgegriffen (vgl. Jon 1,4–6.16). Aber anstatt wie Jona über Bord geworfen zu werden, um den Sturm zu besänftigen, gebietet in unserer Geschichte Jesus selbst ihm

Einhalt, und zwar in der Pose des Schöpfergottes, in dessen Vollmacht er Wind und Meer anschnaubt und anherrscht (vgl. Ps 18,16; 104,6f.; 106,9). Abschluss der alten Erzählung, die Markus bearbeitet, war die katechetische Frage V. 41 „Wer also ist dieser ...?“ (vgl. 1,27), auf die als Antwort erwartet wurde: Jesus ist der Herr aller Mächte und Gewalten. Markus schiebt davor den Schülertadel: „Was seid ihr feige? Habt ihr noch keinen Glauben?“ (V. 40). Im Anschluss daran weist die ehemals katechetisch orientierte Frage die Schüler als Unverständige aus: Sie verstehen nicht, dass sich das „Geheimnis der Königsherrschaft Gottes“ vor ihren Augen ereignet (4,11f.). Sie sehen zwar ein dramatisches Ereignis, aber sie durchschauen es nicht vom tieferen Sinn der Sprüche her, die ihnen Jesus gesagt hat; oder im Sinn von 4,24 formuliert: Sie sehen nicht, was sie gehört haben. Nämlich: „Die Lampe“ (4,21) ist nicht dazu da, um unter den Scheffel gestellt zu werden – im Heck des Bootes zu schlafen, sondern um auf den Leuchter gestellt zu werden – sich als in der Vollmacht Gottes Handelnder zu zeigen.

Die Heilung des Besessenen von Gerasa (5,1–20)

1Und sie kamen auf die andere Seite des Meeres in das Land
der Gerasener. 2Und als er aus dem Boot herausgekommen
war, sofort kam ihm aus den Grabmälern ein Mensch mit
einem unreinen Geist entgegen. 3Der hatte seine Behausung
in den Grabmälern. Und auch mit einer Kette vermochte ihn
bisher noch keiner zu binden. 4Denn oft war er mit Fußfesseln
und Ketten gebunden worden, aber die Ketten wurden von
ihm zerrissen und die Fußfesseln zerrieben, und niemand
konnte ihn bändigen. 5Und ununterbrochen bei Nacht und Tag
krächzte er in den Grabmälern und auf den Bergen und schlug

sich selbst mit Steinen. [6]Und als er Jesus von weitem sah, lief
er herbei und huldigte ihm. [7]Und er krächzte mit lauter Stim-
me. Er sagte: Was habe ich mit dir zu schaffen, Jesus, Sohn des
höchsten Gottes? Ich beschwöre dich bei Gott: Quäle mich
nicht! [8]Er hatte ihm nämlich gesagt: Komm heraus, du unrei-
ner Geist, aus diesem Menschen! [9]Und er fragte ihn: Was ist
dein Name? Und er sagt ihm: Legion ist mein Name, denn wir
sind viele. [10]Und er bat ihn vielmals, dass er sie nicht aus dem
Land *verlege*. [11]Es war aber dort bei dem Berg eine große
Schweineherde, die weidete. [12]Und sie baten ihn. Sie sagten:
Ordne uns ab in die Schweine, damit wir in sie hineinfahren!
[13]Und er gab ihnen *die entsprechende Order*. Und die unreinen
Geister kamen heraus und fuhren in die Schweine, und die
Herde *stürmte im Gleichschritt* den Abhang hinab – in das
Meer, etwa 2000, und sie ersoffen im Meer. [14]Und die sie wei-
deten flohen und gaben Bericht in die Stadt und in die Höfe.
Und sie kamen, um zu sehen, was geschehen ist. [15]Und sie
kommen zu Jesus, und sie betrachten den Besessenen, wie er
dasaß, bekleidet und vernünftig, den, der die Legion gehabt
hatte. Und sie fürchteten sich. [16]Und es erzählten ihnen dieje-
nigen, die gesehen hatten, wie es mit dem Besessenen
geschah – und die Sache mit den Schweinen. [17]Und sie began-
nen, ihn zu bitten, aus ihren Gebieten wegzugehen. [18]Und als
er ins Boot stieg, bat ihn der, der besessen gewesen war, dass
er bei ihm sein dürfe. [19]Und er ließ ihn nicht, sondern sagt ihm:
Geh in dein Haus zu den Deinen und berichte ihnen alles, was
der Herr dir getan hat und sich deiner erbarmt hat. [20]Und er
ging weg und begann, in der Dekapolis zu verkündigen, was
ihm Jesus alles getan hatte, und alle wunderten sich.

Im Kern handelt es sich um eine alte Dämonenaustreibungsgeschichte (V. 6–10; vgl. 1,23–27). Schon vor ihrer Verarbeitung durch Markus wurde sie um die Schweinegeschichte (V. 11–13) erweitert. Sie bekommt damit einen antiimperialistischen, gegen Rom gerichteten Akzent: Die Dämonen, die darum bitten, in die Schweine fahren zu dürfen, wollen das Land nicht verlassen (V. 10). Als Namen im Sinn einer Selbstidentifikation geben sie „Legion" an (V. 9), was die römische Militäreinheit assoziieren lässt, deren Größe sich in den etwa 2000 Schweinen spiegelt, die sich ins Meer stürzen. Außerdem wählt der Erzähler bewusst Termini aus, die Assoziationen zur Welt des Militärs wecken (kursiv). Der Clou der Erzählung: Die *Legio X Fretensis*, die im Jüdischen Krieg 66–70 n. Chr. unter dem Oberbefehl des späteren Kaisers Vespasian das Land von Aufständischen gesäubert und schließlich unter dem Oberbefehl von Vespasians Sohn Titus Jerusalem zerstört hat, führt einen Eber im Feldzeichen. Im von Rom besetzten Palästina träumt unsere Erzählung davon, dass die römischen Schweine im Meer ersaufen.

Als Markus die Erzählung bearbeitet und in sein Evangelium aufnimmt, lässt er sie im Heidenland spielen (V. 1–5): Gerasa ist eine heidnische Stadt im Bund der zehn Städte („Dekapolis") auf der Ostseite des Sees Gennesaret, 60 km vom Ufer entfernt. Auf der geographischen Landkarte sind die erzählten Vorgänge nicht möglich, nur auf der theologischen Landkarte, wie sie der Erzähler des Evangeliums entwirft: „Am jenseitigen Ufer des Meeres" lokalisiert er die Heidenwelt, während sich „am diesseitigen Ufer des Meeres" die jüdischen Städte befinden. Der autoaggressive Besessene hält sich genau dort auf, wo nach Jes 65,1–7 Heiden ihre religiösen Riten vollziehen: in „Grabmälern" und „auf den Bergen" (V. 2–5). Im Exorzismus wird er also von den heidnischen Göttern befreit, die im Judentum zu „Dämonen" degradiert werden (vgl. LXX Jes 65,11). Aus dem Mund der heidnischen Dämonen kommt – bereits in

Anerkennung der Übermacht Jesu – eine heidnische Gottesbezeichnung („Sohn des höchsten Gottes").
Die Heiden aus der Stadt Gerasa verweisen Jesus höflich, aber bestimmt ihres Landes (V. 14–17). Sie sind die ersten, die auf den Ruf von Jesus (V. 14.16) ausdrücklich ablehnend reagieren. Ganz im Gegenteil zum geheilten heidnischen Besessenen (V. 18–20). Er folgt Jesus sozusagen zum Boot nach und bittet von sich aus Jesus darum, was ausdrückliche Aufgabe der Zwölf ist: „dass er bei ihm sein dürfe" (V. 18; vgl. 3,14). Als Jesus das nicht zulässt, sondern ihn nach Hause schickt, lässt er es bei der Gründung einer auf sein eigenes Haus beschränkten *familia dei* nicht bewenden, sondern verkündigt in der gesamten Dekapolis, „was ihm Jesus alles getan hatte". Dabei übersetzt er die theologische Deutung des Geschehens, wie sie ihm Jesus vorgibt („Geh in dein Haus zu den Deinen und berichte ihnen alles, was *der Herr* dir getan hat ..."), gemäß dem Plan Gottes von 1,2f.: Für ihn ist „der Herr" niemand anders als Jesus (vgl. V. 20). Ihm bereitet er im Heidenland den Weg – mit sichtbarem Erfolg, wie an 7,31–37 zu sehen sein wird. Damit ist der Gerasener nach dem Aussätzigen (1,45) die zweite Gestalt im Evangelium, die ohne Erlaubnis und sogar gegen den ausdrücklichen Befehl Jesu genau das tut, was von den Zwölfen erwartet wird (vgl. 3,14; 6,12).

Zwei Gestalten des Glaubens: die blutflüssige Frau und der Synagogenvorsteher (5,21–43)

21Und nachdem Jesus [im Boot] wieder auf die andere Seite (des Meeres) übergesetzt hatte, versammelte sich eine große Volksmenge bei ihm, und er war beim Meer. 22Und es kommt einer der Synagogenvorsteher, mit Namen Jairus. Und als er ihn sieht, fällt er ihm zu Füßen 23und bittet ihn vielmals. Er sagt: Mit meinem Töchterlein geht es zu Ende. Komm doch und leg ihr die Hände auf, damit sie gerettet wird und lebt. 24Und er ging zusammen mit ihm weg. Und es folgte ihm eine große Volksmenge nach, und sie bedrängten ihn. 25Und eine Frau, die an Blutfluss (krank) war zwölf Jahre – 26und sie hatte vieles erlitten von vielen Ärzten und ihr gesamtes Vermögen aufgewendet, und sie hatte keinen Nutzen davon, sondern es ging ihr eher schlechter. 27Nachdem sie von Jesus gehört hatte, kam sie in der Volksmenge von hinten und berührte seinen Mantel. 28Sie sagte nämlich: Wenn ich auch nur seine Kleider berühre, werde ich gerettet werden. 29Und sofort vertrocknete die Quelle ihres Blutes, und sie erkannte mit ihrem Körper, dass sie von der Plage geheilt war. 30Und sofort erkannte Jesus an sich selbst, dass eine Kraft aus ihm herausgegangen war. Er wandte sich in der Volksmenge um und sagte: Wer hat meine Kleider berührt? 31Und es sagten ihm seine Schüler: Du siehst die Volksmenge, wie sie dich bedrängt, und sagst: Wer hat mich berührt? 32Und er blickte umher, um die zu sehen, die dies getan hatte. 33Die Frau aber fürchtete sich und zitterte, weil sie wusste, was ihr geschehen war. Sie kam und fiel vor ihm nieder und sagte ihm die ganze Wahrheit. 34Er aber sagte ihr: Tochter, dein Glaube hat dich gerettet. Los, geh in Frieden und sei gesund von deiner Plage! 35Während er noch redete, kommen (Leute) vom Synagogenvorsteher und sagen: Deine Tochter ist gestorben. Was belästigst du den Lehrer noch? 36Jesus aber, der das Wort, das geredet wurde, überhört hatte, sagt dem Synagogenvorsteher: Fürchte dich nicht, glaube nur! 37Und er ließ niemanden zusammen mit ihm nachfolgen, außer Petrus und Jakobus und Johannes, den Bruder (des) Jakobus. 38Und sie kommen zum Haus des Synagogenvorstehers. Und er betrachtet (den) Trubel: die Weinenden und laut Klagenden. 39Und er kommt herein und sagt ihnen: Was lärmt und weint ihr? Das Kind ist nicht gestorben, sondern es schläft. 40Und sie lachten ihn aus. Er aber, nachdem er alle hinausgeworfen hatte, nimmt mit sich den Vater des Kindes und die Mutter und die mit ihm. Und er gelangt dorthin, wo das Kind war. 41Und nachdem er die Hand des Kindes ergriffen hatte, sagt er ihr: Talitha kum! Das heißt übersetzt: Mädchen, dir sage ich, wach auf! 42Und sofort stand das Mädchen auf und ging umher. Es war nämlich zwölf Jahre alt. Und sie gerieten sofort außer sich mit großem Entsetzen. 43Und er schärfte ihnen vielmals ein, dass niemand dies erfahre, und er sagte, es solle ihr zu essen gegeben werden.

Die beiden ineinander geschobenen Geschichten erzählen von zwei Frauen. Die eine leidet seit zwölf Jahren an Blutfluss und muss deshalb sozial isoliert leben (vgl. Lev 15,25–30), die andere ist gerade zwölf Jahre alt und steht in Gefahr zu sterben, sozusagen bevor der Blutfluss überhaupt eingesetzt hat und sie verheiratet werden kann. Der Evangelist modelliert die ihm vorliegende Tradition so um, dass er zwei Gestalten des Glaubens präsentieren kann. Als Gegenüber zur blutflüssigen Frau bekommt bei ihm der Synagogenvorsteher eigenes Gewicht. Damit kann er in seine bisherige Trennung zwischen In- und Outsidern bzw. der Menge, die zwar interessiert, aber unentschlossen ist, Differenzierungen eintragen: Die Frau tritt aus der Menge als Glaubende heraus. Der Synagogenvorsteher lässt sich von seinem Glauben an Jesus nicht abbringen, obwohl er zur jüdischen Oberschicht gehört, die bisher – vertreten in Schriftgelehrten, Pharisäern und Herodianern – Jesus nur ablehnend gegenüber stand. Beide vollziehen diesen Schritt bewusst, indem sie durch Wort bzw. Tat vor der Gruppe, zu der sie gehören, zu ihrem Glauben stehen: die Frau, indem sie vor versammelter Menge „die ganze Wahrheit“ ausspricht, also ihre Glaubensgeschichte erzählt, angefangen von dem, was sie über Jesus gehört hat, bis hin zu ihrer heimlichen Berührung; der Synagogenvorsteher, indem er sich von seinen Leuten, die ihm die Nachricht vom Tod seiner Tochter bringen und das Kommen Jesu für vergeblich erachten, nicht beeinflussen lässt. In beiden Fällen setzt das „Wunder“ den Glauben voraus: Mit seinem „Heilungswort“ nach erfolgter Heilung bestätigt Jesus den Glauben der Frau, der ihr Rettung gebracht hat (V. 34). Vom Synagogenvorsteher fordert Jesus angesichts der ablehnenden Haltung gegen ihn (V. 36) gerade den Glauben, den er mit seiner Geste (Fußfall) und Bitte an Jesus so freimütig ausgesprochen hat (V. 22f.).

In beiden Geschichten „sieht“ man, was man vorher in Gleichnisworten Jesu gehört hat (vgl. 4,24): Gegenüber der Frau erweist sich Jesus als der wahre „Arzt der Kranken“ (V. 25f. vgl. 2,17). Im Haus des Jairus zeigt sich Jesus als „der Stärkere“, der sich des Hausrats „des Starken“ bemächtigt (V. 38–40 vgl. 3,27). Die im Haus klagen und schreien (V. 38) und Jesus verlachen, als er sagt, das Kind schlafe nur (V. 39), wirft er (wie Dämonen) hinaus (V. 40) und installiert im Haus, das von den Totengeistern befreit ist, eine neue *familia dei,* in deren Tischgemeinschaft das Mädchen aufgenommen werden soll (V. 43).

Im Rückblick auf das Gleichniskapitel veranschaulicht die Frau mit ihrem Verhalten 4,22 („Nicht nämlich gibt es Verborgenes, außer damit es bekannt wird ...“), der Synagogenvorsteher dagegen 4,25 („Wer nämlich hat ...“): Ihm, als demjenigen, der Glauben hat, wird seine Tochter zurückgegeben; den anderen jedoch, die Jesus verlachen, wird alles weggenommen. Sie sollen nicht einmal von den Vorgängen im Haus erfahren (V. 43). Sie bleiben von der *familia dei* ausgeschlossen.

Unglaube in Nazaret (6,1–6a)

1Und er ging von dort heraus und kommt in seine Vaterstadt, und es folgen ihm nach seine Schüler. 2Und als es Sabbat wurde, begann er zu lehren in der Synagoge, und viele, die zuhörten, waren außer Fassung. Sie sagten: Woher hat er das alles? Und was ist das für eine Weisheit, die diesem gegeben ist? Und was sind das für Machttaten, die durch seine Hände geschehen? 3Ist dieser nicht der Bauhandwerker, der Sohn der Maria und Bruder (des) Jakobus und Joses und Judas und Simon? Und sind nicht seine Schwestern hier bei uns? Und sie nahmen Anstoß an ihm. 4Und es sagte ihnen Jesus: Nicht ist ein Prophet ohne Ehre außer in seiner Vaterstadt und bei seinen Verwandten und in seinem Haus. 5Und nicht hatte er die Kraft, dort auch nur eine einzige Machttat zu tun; außer dass er einigen Schwachen die Hände auflegte und sie heilte. 6aUnd er wunderte sich wegen ihres Unglaubens.

Der Anfang der Perikope greift geradezu wörtlich 1,21f. auf: Wie in Kafarnaum geht Jesus auch in Nazaret am Sabbat in die Synagoge und lehrt, worüber die Menschen in Staunen geraten. Das wird hier noch spezifiziert: Die Leute fragen nach dem Ursprung der Weisheit (Lehre), die sie hören, und der Machttaten („Wunder"), die man sich von Jesus erzählt. Aber anstatt die auf der Hand liegenden Konsequenzen zu ziehen und zu sagen: Jesus muss von Gott kommen, reduzieren sie ihn auf seine leibliche Familie. Sie sehen und erkennen doch nicht, sie hören und verstehen doch nicht (vgl. 4,12). Die Leute von Nazaret werden zu einem Beispiel für „Unglauben". Und wer nicht anerkennt, dass in Jesus Gottes Geist wirkt, der schließt sich auch von den Wirkungen des Gottesgeistes aus. Auch wenn Jesus wollte (vgl. 1,40f.), kann er dort (bis auf einige Ausnahmen) keine Wunder tun.

In einer normalen Wundergeschichte wird am Ende erzählt, dass die Anwesenden sich wundern und über die geschehene Tat staunen. Am Ende der Nazaretgeschichte wundert sich Jesus über den Unglauben der Leute (V. 6a): eine Antiwundergeschichte.

Jesus macht weiter und delegiert seine Vollmacht (6,6b–13)

> [6b]Und er ging herum in die umliegenden Dörfer und lehrte. [7]Und er ruft die Zwölf zu sich und begann, sie auszusenden zwei und zwei. Und er gab ihnen Vollmacht über die unreinen Geister. [8]Und er trug ihnen auf, dass sie nichts mitnehmen auf den Weg, es sei denn einzig einen Stecken, kein Brot, keine Vorratstasche, kein Geld in den Gürtel, [9]sondern Sandalen untergebunden, und: Zieht nicht zwei Untergewänder an! [10]Und er sagte ihnen: In welches Haus auch immer ihr hineingeht, dort bleibt, bis ihr (wieder) weggeht von dort. [11]Und wenn ein Ort euch nicht gastlich aufnimmt und euch nicht hören will, zieht heraus von dort und schüttelt aus den Staub, der unter euren Füßen ist – ihnen zum Zeugnis. [12]Und nachdem sie hinausgegangen waren, verkündeten sie, dass man umkehren soll, [13]und sie warfen viele Dämonen hinaus, und sie salbten mit Öl viele Schwache und heilten.

Angesichts des Unglaubens in Nazaret macht Jesus trotzdem weiter (V. 6b) – und macht damit den Zwölfen vor, was er ihnen in V. 11 aufträgt: Ablehnung ist kein Grund dafür, die Verkündigung zu stoppen. Die Zwölf werden in die Rolle Jesu installiert. Dazu wird ihnen die Vollmacht zur Dämonenaustreibung delegiert (V. 7). Vom Erzählfaden her wird damit die Ankündigung von 3,14f. vollzogen. Wie Jesus

verkündigen auch die Zwölf das „Evangelium Gottes", d. h. sie mahnen zur Umkehr (vgl. 1,14f.) und treiben Dämonen aus (V. 12f.). Das steht parallel zur Praxis der von Jesus nicht autorisierten Missionare (Aussätziger: 1,45; Gerasener: 5,20), die bereits das „Evangelium von Jesus Christus" verkündigen, indem sie ihre Erfahrungen mit „dem Herrn" versprachlichen. Werden auch durch diese „Evangeliumsverkündigung" Dämonen ausgetrieben?
Bewusst wird die Delegation der Zwölf im Gegenüber zur Ablehnung Jesu in Nazaret einerseits und zur Passionserzählung des Täufers (6,14–29) andererseits erzählt: Das sind die Koordinaten der Verkündigung in den Spuren Jesu.

Die Passionserzählung über den Täufer (6,14–29)

14Und es hörte der König Herodes, bekannt nämlich wurde sein
Name, und sie sagten: Johannes der Täufer wurde aus Toten
auferweckt und deswegen wirken die Machttaten in ihm.
15Andere aber sagten: Elija ist er. Andere aber sagten: Ein
Prophet wie einer der Propheten. 16Nachdem aber Herodes es
gehört hatte, sagte er: Den ich habe köpfen lassen, Johannes,
dieser wurde erweckt.
17Selbst nämlich hatte Herodes ausgesandt und Johannes
ergreifen und ihn im Gefängnis binden lassen. Wegen
Herodias, der Frau seines Bruders Philippus, weil er sie geheira-
tet hatte. 18Es sagte nämlich Johannes dem Herodes: Nicht ist
es erlaubt zu haben die Frau deines Bruders. 19Herodias aber
hatte es auf ihn abgesehen und wollte ihn töten, und hatte
nicht die Macht dazu. 20Herodes nämlich fürchtete den Jo-
hannes, weil er wusste, dass er ein gerechter und heiliger
Mann war. Und er bewahrte ihn, und wenn er ihm zuhörte,
kam er sehr ins Schwanken, und gerne hörte er ihm zu. 21Und

als ein günstiger Tag kam, als Herodes für seine Geburtstagsfeierlichkeiten ein Festmahl machte für seine Großen, für die Chiliarchen und die Ersten Galiläas, 22und als hereinkam seine Tochter Herodias und tanzte, gefiel es dem Herodes und den mit ihm zu Tisch Liegenden. Es sagte der König dem Mädchen: Verlange von mir, was du willst, und ich werde (es) dir geben. 23Und er schwor ihr [vielfach]: Was du auch von mir verlangst, ich werde (es) dir geben bis zur Hälfte meines Königreiches. 24Und sie ging hinaus und sagte ihrer Mutter: Was soll ich verlangen? Die aber sagte: den Kopf von Johannes dem Täufer. 25Und eilig ging sie sofort zum König hinein und verlangte, indem sie sprach: Ich will, dass du mir sofort auf einer Fleischplatte den Kopf von Johannes dem Täufer gibst. 26Und der König wurde überaus betrübt wegen seiner Eide und seiner Tischgenossen. Und er wollte sie nicht versetzen. 27Und sofort sandte der König einen Scharfrichter aus und befahl ihm, seinen Kopf zu bringen. Und er ging weg und köpfte ihn im Gefängnis. 28Und er brachte seinen Kopf auf einer Fleischplatte und gab sie dem Mädchen, und das Mädchen gab sie seiner Mutter. 29Und nachdem seine Schüler (davon) gehört hatten, kamen sie und nahmen seinen Leichnam und setzten ihn in einem Grabmal bei.

Während die Zwölf erste Gehversuche in der Übernahme der Rolle Jesu machen, erfährt der Leser anhand der Passionsgeschichte des „Vorläufers“, welches Geschick Jesus und seine Nachfolger erwartet: wie der Weg aussieht, auf den die Nachfolge führt.
In der Legende über den Tod des Täufers wird ausgeführt, was in 1,14 mit dem Stichwort „überliefern“ komprimiert angedeutet wurde: die Passionsgeschichte des Täufers, die mit seiner Enthauptung endet. Im Zentrum der Einheit steht die Erzählung vom Geburtstagsfest des Herodes und der Intrige

der Herodias gegen den Täufer (V. 21–28). V. 17–20 erzählen die Vorgeschichte: Wie bei Jesus ist es auch beim Täufer dessen Lehre (V. 18: „Nicht ist es erlaubt zu haben ...“), die den Tötungsbeschluss der Gegner provoziert (vgl. 3,6). Im Fall des Täufers übernimmt diese Rolle Herodias (V. 19). V. 27f. erzählt das Ende der Kerkerhaft: die Hinrichtung und die Übergabe des Kopfes an die Intrigantin. Gerahmt wird die Einheit durch die Notiz über die Johannesschüler, die ihren Meister ehrenvoll bestatten (V. 29), und die Reaktion des Herodes auf das, was er – nach dem Tod des Täufers – über Jesus gehört hat (V. 14–16). Zeigt diese Komposition an, dass auch Herodes ein Schüler geworden ist? Dass er sozusagen die zweite Chance wahrgenommen hat? Immerhin wollte er mit der Einkerkerung, so erklärt uns der Text, den Täufer gegen die Mordpläne der Herodias schützen (V. 20). Der Gefangene ist für ihn ein Hauslehrer. Als dessen Schüler hört er ihm zu (V. 20). Aber er traut sich nicht, offen zu dem zu stehen, was er vom Täufer hält: dass er ein gerechter und heiliger Mann ist (V. 20). Im entscheidenden Augenblick, nämlich bei der Geburtstagsfeier, „verrät“ er seinen Lehrer, um sein eigenes Prestige zu retten, und gibt ihn dem Henker preis. Jedoch: Im Nachhinein erkennt er die göttliche Autorisierung des Täufers öffentlich an, indem er an dessen Auferweckung glaubt (V. 16) – auch wenn er dadurch Jesus auf die Gestalt seines Vorläufers, eben den Täufer, reduziert.

Die Erzählkomposition vom Ende des Täufers macht Hoffnung im Blick auf diejenigen unter den Schülern Jesu, die sich am Ende nicht zu ihm bekennen: die flüchten (14,51), ihn verleugnen (Petrus) oder verraten (Judas). Auch sie bekommen nach der Auferweckung eine zweite Chance (vgl. 16,7). Entscheidend ist nur, dass die Verkündigung läuft, damit der „Name bekannt“ (V. 14 vgl. 4,22) wird – und die Botschaft all diejenigen erreicht, die dadurch zur „Umkehr“ gebracht werden können.

Die Rückkehr der Apostel und die Speisung der Fünftausend (6,30–44)

30Und es kommen die Apostel zusammen bei Jesus und sie berichteten ihm alles, was sie getan und was sie gelehrt hatten. 31Und er sagt ihnen: Hierher mit euch an einen abgesonderten, menschenleeren Ort und ruht euch ein wenig aus! Es waren nämlich die Kommenden und Weggehenden viele, und sie hatten nicht einmal eine günstige Gelegenheit zum Essen. 32Und sie gingen weg mit dem Boot an einen menschenleeren Ort, abgesondert. 33Und man sah sie weggehen und viele erkannten sie und zu Fuß von allen Städten liefen sie dort zusammen und kamen vor ihnen an. 34Und nachdem er herausgekommen war, sah er eine große Volksmenge, und er hatte Erbarmen mit ihnen, weil sie wie Schafe waren, die keinen Hirten haben, und er begann, sie Vieles zu lehren. 35Und als es schon späte Stunde wurde, kamen zu ihm seine Schüler und sagten: Menschenleer ist der Ort und schon späte Stunde. 36Schick sie fort, damit sie in die umliegenden Gehöfte und Dörfer gehen und sich etwas zu essen kaufen. 37Er aber antwortete und sprach zu ihnen: Gebt ihr ihnen zu essen! Und sie sagen ihm: Sollen wir weggehen und für 200 Denare Brot kaufen und (es) ihnen zu essen geben? 38Der aber sagt ihnen: Wie viele Brote habt ihr? Los, schaut nach! Und nachdem sie sich Kenntnis verschafft hatten, sagen sie: fünf, und zwei Fische. 39Da ordnete er ihnen an, dass sich alle, Mahlgemeinschaft für Mahlgemeinschaft, im grünen Gras zu Tisch legen sollten. 40Und sie ließen sich nieder, Gartenbeet für Gartenbeet, zu hundert und zu fünfzig. 41Und er nahm die fünf Brote und die zwei Fische, blickte auf zum Himmel, sprach das Lobgebet und brach die Brote und gab sie den Schülern, damit sie (sie) ihnen vorsetzten, und die zwei Fische teilte er allen aus. 42Und es aßen alle und wurden gesättigt. 43Und sie hoben auf an Brocken die

> Füllung für zwölf Tragekörbe – und von den Fischen. 44Und es waren die [die Brote] Essenden fünftausend Männer.

Die Rückkehr der „Apostel" – der Begriff findet sich nur hier im Markusevangelium und wird funktional gebraucht für die „Ausgesandten" (vgl. 6,7) – stellt die Klammererzählung (V. 30–34) zur Aussendung der Zwölf (6,6b–13) dar, ist aber gleichzeitig der Auftakt zur Speisungsgeschichte (V. 35–44), die in vieler Hinsicht im Kontrast zur Geburtstagsfeier des Herodes (6,21–28) erzählt wird und holzschnittartig die Charakteristika der jesuanischen Tischgemeinschaft beleuchtet: Herodes feiert mit den Großen und den Ersten seines Reiches (6,21). Auch Jesus wollte zunächst mit seinen „Großen", an die er gerade seine Vollmacht delegiert hat (6,7), privatissime speisen (V. 31f.). Aber die Menschen, die im Schlepptau der Mission der Zwölf von allen Seiten herbeiströmen und ihr Rückzugsmanöver verfolgen (V. 33), durchkreuzen den Plan. So kommt es, dass bei Herodes die Generäle speisen, bei Jesus dagegen das Fußvolk, das in militärischer Ordnung „zu Tisch liegt" (V. 39f.). Herodes wird (vielleicht bewusst) fälschlicherweise als „König" bezeichnet, denn der Landesfürst von Galiläa durfte nur den Titel „Tetrarch" führen. Jesus dagegen erweist sich als wahrer „König" nach dem Herzen Gottes: Als guter Hirte lehrt und speist er sein Volk (vgl. Sir 18,13) und lässt es „auf grünen Auen" lagern (V. 39 vgl. Ps 23,2). Den Titel „König" trägt er im Markusevangelium nur im Zusammenhang mit seiner Passionsgeschichte. An der Herodestafel herrscht frivole Atmosphäre, einer Prinzessin wird für ihren erotisierenden Tanz die Hälfte des Königreichs angeboten (6,22f.) und am Ende wird der Kopf eines Menschen auf einer Fleischplatte (!) serviert (6,28). Beim Jesusmahl herrscht eine heilige Ordnung gemäß der Lagerordnung auf dem Weg ins Gelobte Land (vgl. Ex 18,25; Num 31,14). Sie ruft die Gestalt des Mose in

Erinnerung, während das Motiv der Speisung an den Elijaschüler Elischa denken lässt (2 Kön 4,42–44), wobei die Jesusspeisung die Elischaspeisung (20 Brote für 100 Mann) bei weitem übertrifft. Wie ein jüdischer Hausvater spricht Jesus ein Lobgebet, bricht die Brote und lässt alles an die Leute verteilen (V. 41). Aber was für das Jesusmahl im Gegenüber zum Herodesmahl das Entscheidende ist: Bei Jesus *bedienen* „die Großen" (V. 41). Sie missverstehen zunächst Jesu Anweisung in V. 37: „Gebt ihr ihnen zu essen!" und meinen, sie sollten Brot für die Leute *kaufen* (V. 37). Aber Jesu Worte sind wörtlich gemeint. Was die Schwiegermutter im Haus des Petrus von sich aus getan hat (vgl. 1,31), dazu muss Jesus seine „Großen" mit sanftem Druck zwingen: andere zu bedienen. Aber Jesus selbst macht es vor: „Und die zwei Fische teilte er allen aus" (V. 41).

Die Probefahrt „ans andere Ufer" (6,45–52)

> 45Und sofort zwang er seine Schüler, einzusteigen in das Boot
> und vorauszufahren an das gegenüberliegende Ufer nach
> Betsaida, bis er selbst die Volksmenge entlassen habe. 46Und
> nachdem er sich von ihnen verabschiedet hatte, ging er weg
> auf den Berg, um zu beten. 47Und nachdem es Abend gewor-
> den war, war das Boot mitten im Meer, und er alleine auf der
> Erde. 48Und nachdem er sah, wie sie bedrängt wurden beim
> Rudern, sie hatten nämlich starken Gegenwind, kommt er um
> die vierte Nachtwache zu ihnen, wobei er auf dem Meer ein-
> hergeht, und er wollte an ihnen vorübergehen. 49Als sie ihn
> aber sahen, wie er auf dem Meer einherging, meinten sie, es
> sei ein Gespenst, und kreischten auf. 50Alle nämlich sahen ihn
> und wurden verwirrt. Der aber redete sofort mit ihnen, und
> sagt ihnen: Habt Mut, ich bin. Fürchtet euch nicht! 51Und er
> stieg hinauf zu ihnen ins Boot, und es ließ nach der Wind, und

sie gerieten völlig außer sich. [52]Nicht nämlich hatten sie bei den Broten verstanden, sondern es war ihr Herz verstockt.

In der abschließenden Seesturmgeschichte nehmen nicht die Schüler Jesus mit, während sie das Volk wegschicken (so die Ausgangssituation in der ersten Sturmstillungsgeschichte, vgl. 4,36), sondern Jesus selbst übernimmt die Aufgabe, das Volk zu entlassen, während er seine Schüler zwingt, ins Boot einzusteigen und „ans andere Ufer", also ins heidnische Land vorauszufahren. Als Ziel wird Betsaida genannt. Die ausführlichen szenischen Anweisungen (V. 45–47) stellen heraus: Es handelt sich um eine Probefahrt der Schüler alleine, allerdings unter der Supervision Jesu: Auf dem Berg beobachtet er, wie sie sich auf dem Meer mit dem Gegenwind abmühen.
Alles, was dann erzählt wird (V. 48–50), ist die Inszenierung einer Theophanie mit dem Material vielfältiger alttestamentlicher Bausteine. Jesus als von Gott Bevollmächtigter erscheint „vom Berge her" (vgl. Dtn 33,2; Ri 5,4f.; Hab 3,3), er schreitet über das Wasser (vgl. Ps 77,20; Ijob 9,8; 38,16), er will an seinen Schülern „vorübergehen" (vgl. Ex 33,19.22; 34,5f.; 1 Kön 19,11) und gibt sich ihnen, als sie ihn für ein Gespenst halten, mit der Offenbarungsformel „ich bin" (vgl. Ex 3,14; Jes 43,1–3.10f.) zu erkennen. Die Schüler in der Erzählung verstehen nichts. Ihr Herz ist verstockt – wie das der Outsider (V. 52). Versteht der Leser? Aber vor allem: Glaubt er, dass der abwesende Jesus das Schülerschiff (auch in seiner eigenen Zeit) vom „Berg" aus beobachtet und vielleicht erst in der allerletzten Nachtwache (13,35) zu Hilfe kommt?

Wieder in Gennesaret (6,53–56)

53Und nachdem sie auf die Erde zugefahren waren, kamen sie
nach Gennesaret und legten an. 54Und nachdem sie aus dem
Boot herausgegangen waren, erkannte man ihn sofort. 55Sie
durcheilten jene ganze Gegend und begannen, auf Pritschen
diejenigen, denen es schlecht ging, herumzutragen dorthin,
wo sie hörten, dass er sei. 56Und überall, wo er in Dörfer oder
in Städte oder in Gehöfte kam, stellten sie die Schwachen auf
die Plätze und baten ihn, wenigstens die Quaste seines
Mantels berühren zu dürfen. Und alle, die ihn berührten, wurden gerettet.

Anstelle in Betsaida „am anderen Ufer" kommt das Boot in Gennesaret an: wieder im vertrauten jüdischen Land. Im Gegensatz zu den Schülern im Boot erkennt die Menge Jesus sofort (V. 54). Auch wenn damit nicht die volle Erkenntnis der göttlichen Autorisation, wie sie 6,48–50 anzielt, im Blick ist, so ist doch mehr gemeint, als eine bloße Identifikation der Person des Wunderheilers. Denn der Sammelbericht stellt als generell anzutreffende Glaubenshaltung dar, was von den vier Pritschenträgern (2,3f. vgl. V. 55) und der blutflüssigen Frau (vgl. 5,27f.) in Einzelgeschichten erzählt worden ist.

Jüdisches Leben, mündliche Überlieferung und der Gotteswille (7,1–23)

1Und es versammeln sich bei ihm die Pharisäer und einige der
Schriftgelehrten, die aus Jerusalem gekommen waren. 2Und
als sie einige seiner Schüler sahen, dass sie mit unreinen, d. h.
ungewaschenen Händen die Brote essen, 3– die Pharisäer
nämlich und alle Juden essen nicht, wenn sie sich nicht mit

einer Handvoll (Wasser) die Hände gewaschen haben, wobei
sie sich an die Überlieferung der Alten halten, [4]und vom Markt
(kommend), wenn sie kein Tauchbad genommen haben, essen
sie nicht, und vieles andere ist einzuhalten, was sie (an Über-
lieferung) weitergeben: Tauchbäder von Bechern und
Trinkgefäßen und Kesseln [und Liegen] – [5]und es fragen ihn die
Pharisäer und die Schriftgelehrten: Weshalb gehen deine
Schüler nicht gemäß der Überlieferung der Alten einher, son-
dern essen mit unreinen Händen das Brot? [6]Der aber sagte
ihnen: Schön prophezeite Jesaja über euch Heuchler, wie
geschrieben ist: Dieses Volk ehrt mich mit den Lippen, ihr Herz
aber ist weit weg von mir. [7]Vergeblich verehren sie mich, wenn
sie als Lehren Gebote von Menschen lehren. [8]Ihr verlasst das
Gebot Gottes und haltet euch an die Überlieferung der
Menschen. [9]Und er sagte ihnen: Schön habt ihr außer Kraft
gesetzt das Gebot Gottes, damit ihr eure eigene Überlieferung
aufrichtet. [10]Mose nämlich sagte: Ehre deinen Vater und deine
Mutter, und: Wer schlecht redet über Vater oder Mutter, soll
mit (dem) Tod bestraft werden! [11]Ihr aber sagt: Wenn ein
Mensch seinem Vater oder seiner Mutter sagt: Korban, d. h.
Weihgeschenk sei, was du von mir als Unterstützung erhalten
solltest, [12]dann lasst ihr ihn nichts mehr für Vater oder Mutter
tun. [13]Damit setzt ihr das Wort Gottes durch eure Überliefe-
rung, die ihr überliefert habt, außer Kraft. Und derartiges Ähn-
liches macht ihr in vielen Fällen. [14]Und nachdem er wieder die
Volksmenge zusammengerufen hatte, sagte er ihnen: Hört mir
alle zu und versteht! [15]Nichts ist außerhalb des Menschen, das,
wenn es in ihn hineinkommt, ihn zu verunreinigen vermag,
sondern: Das, was aus dem Menschen herauskommt, ist es,
das den Menschen verunreinigt. [16] [17]Und als er hineinging in
ein Haus, weg von der Volksmenge, fragten ihn seine Schüler
nach dem Vergleich. [18]Und er sagt ihnen: So unverständig seid
auch ihr? Versteht ihr nicht, dass alles, was von außen in den

> Menschen hineinkommt, ihn nicht verunreinigen kann, 19weil es nicht in sein Herz hineinkommt, sondern in den Bauch, und in den Abort hinauskommt? – womit er alle Speisen für rein erklärte. 20Er sagte aber: Das, was aus dem Menschen herauskommt, jenes verunreinigt den Menschen. 21Von innen, nämlich aus dem Herzen der Menschen, kommen die bösen Gedanken heraus: Unzucht, Diebstahl, Mord, 22Ehebruch, Habgier, Bosheit, Hinterlist, Ausschweifung, Neid, Verleumdung, Hochmut, Unvernunft. 23All dieses Böse kommt von innen heraus und verunreinigt den Menschen.

Zum zweiten Mal stellt sich eine Abordnung der Jerusalemer Schriftgelehrten bei Jesus ein. Diesmal kommt es zu einer offenen Auseinandersetzung. Beim ersten Mal wurde der göttliche Anspruch Jesu in Frage gestellt (3,22). Diesmal soll Jesus unter ihre Kontrolle gestellt werden: Sie prüfen, ob sich Jesus innerhalb der geltenden rituellen Normen des Judentums bewegt. Immerhin ist das Jesusboot schon zweimal „ans andere Ufer", also in Richtung Heidenwelt aufgebrochen. Die Pharisäer mit Unterstützung der Schriftgelehrtenphalanx aus Jerusalem beobachten nun bei Jesus tatsächlich eine Aufweichung der jüdischen Ritualpraxis und stellen ihn deswegen zur Rede.

Testfall ist das Händewaschen vor dem Essen, und zwar im Sinn der Befolgung der „Überlieferung der Alten" (V. 1f.5). Im Gegenüber zur schriftlich in der Tora fixierten Tradition ist damit die mündliche Tradition gemeint. Dafür sind die Schriftgelehrten zuständig. Sie regulieren jüdisches Leben. In Weiterführung der überkommenen Tradition („Überlieferung der Alten") adaptieren und spezifizieren sie das Brauchtum, in dem sich jüdisches Leben von heidnischem Leben unterscheidet, für die jeweilige Zeit. Beispiele für die Reinheitspraxis werden in V. 3f. aufgezählt. Dass „alle

Juden“ diese Regeln praktizieren, ist sachlich falsch, weil es sich um typisch pharisäische Vorschriften handelt. Aber aus der Sicht des Markus wird das Judentum offensichtlich über die pharisäische Praxis wahrgenommen.

Statt die Nichtbeachtung des Händewaschrituals zu verteidigen, geht Jesus zum Gegenangriff über: Mit der Autorität der prophetischen Überlieferung stuft er die „Überlieferung der Alten“ zu „Geboten von Menschen“ herab (6f.), die, so die Kommentierung in V. 7f., das „Gebot Gottes“ preisgeben, ja ins Gegenteil verkehren, wie in einem zweiten Anlauf am Extrembeispiel des Korbaninstituts gezeigt wird (V. 9–13): Wer durch ein Gelöbnis (= Korban) das, was er eigentlich seinen Eltern schuldet (Ex 20,12; Dtn 5,16; vgl. Ex 21,17), dem Tempel weiht, darf die Mittel, weil er durch das Gelöbnis absolut gebunden ist (vgl. Num 30,3; Dtn 23,22–24), seinen eigenen Eltern gar nicht mehr zugute kommen lassen, ohne dass er jedoch gezwungen werden kann, die Mittel wirklich für religiöse Zwecke einzusetzen.

Die positive Antwort auf die Frage der Schriftgelehrten erfolgt als Volksbelehrung (V. 14) mit Hilfe eines gleichnishaften Wortes (V. 15), das den unverständigen Schülern wiederum „aufgelöst“ werden muss (V. 17–23). Mit dem Spruch V. 15 stellt Jesus das jüdische Reinheitssystem auf den Kopf: Nicht was von außen mit einem Menschen in Berührung kommt, macht ihn unrein, sondern was aus ihm herauskommt. Entschlüsselt wird der Spruch dadurch, dass das Herz (vgl. das Jesajazitat in V. 6f.) als Zentrum für Reinheit bzw. Unreinheit erklärt wird. Das geschieht wiederum in zwei Anläufen. Negativ vom Verdauungsvorgang her: Speisen können einen Menschen nicht verunreinigen, weil sie nicht in sein Herz gelangen (V. 18f.). Positiv durch die ethische Definition von Reinheit: Aus dem Herzen kommen die bösen Gedanken. Sie machen den Menschen unrein (V. 20–23).

Auf der Sachebene geht es im vorliegenden Streitgespräch also um den Stellenwert der mündlichen Überlieferung im Judentum, wodurch vor allem diejenigen Lebensvollzüge reguliert werden, in denen sich jüdisches Leben von der heidnischen Umwelt demonstrativ absetzt. Die markinische Gemeinde beansprucht aufgrund der Autorität Jesu und im Gegensatz zur (pharisäisch geprägten) mündlichen Überlieferung mit ihrer ethischen Interpretation der Reinheitsvorschriften den eigentlichen Sinn der Gottesgebote (vgl. 2,23–28) und den wahren Gotteswillen (vgl. 3,35) zu treffen: Rein ist nicht, wer sich die Hände wäscht, sondern wer in seinem Herzen keine bösen Gedanken aufkommen lässt. Unrein ist nicht, wer sich die Hände vor dem Essen nicht wäscht, sondern wer den bösen Gedanken seines Herzens freien Lauf lässt. Das heißt aber: Alle Speisen sind rein (V. 19). Händewaschen vor dem Essen im Sinn eines Reinheitsgebots ist nicht nötig. Die rituellen Grenzziehungen zum heidnischen Leben sind abgebaut. Die jesuanischen Grenzziehungen verlaufen entlang anderer Spuren: Entscheidend ist, ob sich jemand am Gotteswillen orientiert, wie er vornehmlich im Dekalog schriftlich niedergelegt ist und durch die Lehre Jesu zur Geltung gebracht wird.

Zwei Versuche, die eigenen Schüler ins Heidenland zu bringen, sind gescheitert (vgl. Karte S. 174): Einmal steigen sie aus dem Boot überhaupt nicht aus (5,1f.18), das andere Mal landen sie trotz der Hilfe bringenden Erscheinung Jesu (6,45–52) wieder in Gennesaret (6,53). Beim dritten Mal geht Jesus auf Nummer sicher – und wählt den Landweg: über Tyrus (1. Tag) und Sidon (2. Tag) bis mitten in die Dekapolis (3. Tag).

Jesus im Heidenland I: die syrophönizische Frau (7,24–30)

[24]Von dort stand er auf und ging weg in die Gebiete von Tyrus.
Und nachdem er in ein Haus hineingegangen war, wollte er,
dass niemand davon Kenntnis nehme, konnte aber nicht ver-
borgen bleiben. [25]Sondern sofort, als eine Frau über ihn hörte,
deren Töchterlein einen unreinen Geist hatte, kam sie und fiel
ihm vor die Füße. [26]Die Frau war Griechin, Syrophönizierin von
Geschlecht. Und sie bat ihn, dass er den Dämon hinauswerfe
aus ihrer Tochter. [27]Und er sagte ihr: Lass zuerst die Kinder satt
werden, nicht nämlich ist es gut, zu nehmen das Brot der
Kinder und (es) den Hündlein hinzuwerfen. [28]Die aber antwor-
tete und sagt ihm: Herr! Auch die Hündlein unter dem Tisch
essen von den Brocken der Kinder. [29]Und er sagte ihr: Wegen
dieses Wortes, los! Bereits herausgegangen aus deiner Tochter
ist der Dämon. [30]Und nachdem sie weggegangen war in ihr
Haus, fand sie das Kind hingeworfen auf die Liege und den
Dämon ausgefahren.

Die Begegnung mit der heidnischen Syrophönizierin ist die einzige Erzählung im Evangelium, in der Jesus als Verlierer dasteht. Die Frau greift sein Bildwort, mit dem er die Privilegierung Israels („Kinder“) gegenüber den Heiden („Hündlein“) alltagsweisheitlich zu begründen versucht (V. 27), klug auf: Ohne den Vorrang der „Kinder“ zu bestreiten, setzt sie durch eine differenzierte Beschreibung des Sachverhalts anstelle eines zeitlichen Nacheinanders („Lass zuerst die Kinder satt werden ...“) ein zeitliches Nebeneinander: Noch während die Kinder essen, fällt auch etwas für die Hunde unter dem Tisch ab (V. 28). Jesus gibt sich geschlagen. Aber er ist nicht geschlagen: Vielmehr hat er sich auch durch diese Dämonenaustreibung als „der Stärkere“ erwiesen, der den Hausrat Satans ausraubt (3,27). Zum anderen wird für den Leser die Heidin als Mitglied der Insider-Gruppe vor Augen geführt (vgl. 4,11f.): Sie versteht das gleichnishafte Wort Jesu sofort und kann es produktiv weiterführen. Verblüffend ist, wie die Vorgänge im heidnischen Tyrus denen in Kafarnaum gleichen (vgl. 2,1f.) und dass sich die Sprüche von der Lampe und vom Verborgenen, die sich der Leser (in den Texten) zu sehen bemühen soll (vgl. 4,21f.23f.), auch im Heidenland bewähren: Jesus kann nicht verborgen bleiben; sobald bekannt wird, dass er im Haus ist, suchen Menschen seine Hilfe (V. 24).

Jesus im Heidenland II: der Taubstumme in der Dekapolis (7,31–37)

31Und wieder ging er weg aus den Gegenden von Tyrus und
ging durch Sidon zum Meer von Galiläa hinauf mitten in die
Gegenden der Dekapolis. 32Und sie bringen ihm einen, der
taub war und nur mit Mühe reden konnte, und sie bitten ihn,
dass er ihm die Hand auflege. 33Und er nahm ihn beiseite weg
von der Volksmenge, abgesondert, warf seine Finger in seine
Ohren und, nachdem er gespuckt hatte, berührte er seine
Zunge, 34und nachdem er zum Himmel aufgeblickt hatte,
stöhnte er und sagt ihm: Effata, d. h. öffne dich! 35Und [sofort]
öffneten sich seine Ohren, und gelöst wurde die Fessel seiner
Zunge, und er redete richtig. 36Und er trug ihnen auf, dass sie
mit niemandem reden. Je mehr er es ihnen auftrug, desto
mehr verkündigten sie es über die Maßen. 37Und über alle
Maßen aus der Fassung gebracht sagen sie: Gut hat er alles
gemacht, und die Tauben macht er hören und die Sprachlosen
reden.

Während der Exorzismus 7,24–30 als Fernheilung geschildert wird und Jesus mit der heidnischen Frau nur verbal in Kontakt tritt, kommt es bei der Heilung des Taubstummen „mitten in den Gegenden der Dekapolis“ zu intensiven Berührungen. Jesus wendet seine eigene Interpretation des Gotteswillens bezüglich der Reinheitsvorschriften (7,15: „Nichts ist außerhalb des Menschen, das, wenn es in ihn hineinkommt ...“) selbst an: Er berührt den unreinen Heiden. Diese Sinnspitze sollen die im Stil hellenistischer Wundergeschichten erzählten magischen Handlungen (V. 33f.) in dem von Markus geschaffenen Kontext bekommen. Umgekehrt überschreiten die Heiden die Grenzen zum Judentum – und zwar präzise im Sinn des ersten Dekaloggebotes: Angesichts der Heilung preisen sie mit biblischen Worten den Schöpfergott (vgl. Gen 1,31; Jes 35,5). Von der Handlung her erinnern die Träger des Kranken in der Dekapolis, die um dessen Heilung bitten, an „die Vier“, die das Gleiche in Kafarnaum tun (vgl. 2,3f.).

Jesus im Heidenland III: die große Speisung (8,1–9)

1In jenen Tagen, als wieder eine große Volksmenge da war und
sie nicht hatten, was sie essen konnten, rief er seine Schüler zu
sich und sagt ihnen: 2Ich habe Mitleid mit der Volksmenge,
weil sie schon drei Tage bei mir bleiben und nichts haben, was
sie essen können. 3Und wenn ich sie hungrig wegschicke in ihr
Haus, werden sie auf dem Weg zusammenbrechen. Und manche von ihnen kamen von weit her. 4Und es antworteten ihm
seine Schüler: Woher vermöchte jemand diese hier in der
Wüste mit Broten zu sättigen? 5Und er fragte sie: Wie viele
Brote habt ihr? Die aber sagten: Sieben. 6Und er befahl der
Volksmenge sich niederzulassen auf der Erde. Und er nahm die
sieben Brote, sprach das Dankgebet, brach (sie) und gab (sie)

seinen Schülern, damit sie (sie) vorsetzten, und sie setzten (sie) der Volksmenge vor. [7]Und sie hatten einige kleine Fische. Und nachdem er über sie das Lobgebet gesprochen hatte, sagte er, auch diese vorzusetzen. [8]Und sie aßen und sie wurden gesättigt, und sie hoben die Überreste der Brotstücke auf: sieben Körbe. [9]Es waren aber etwa Viertausend. Und er entließ sie.

Die Menschen, die „schon drei Tage" bei Jesus geblieben sind, sind Heiden. Sie folgen ihm, seitdem er heidnische Gebiete durchstreift. Die zweite Speisung, zur ersten völlig strukturparallel erzählt, wobei lediglich auf die typisch biblischen Anspielungen (guter Hirte; Lagerordnung) verzichtet wird, schildert also die Tischgemeinschaft Jesu mit Heiden – im Gegenüber zu der mit Juden (6,35–44). Die markinische Gemeinde geht offensichtlich von getrennten Tischgemeinschaften aus, wobei an der heidenchristlichen auch Juden (Schüler Jesu!) teilnehmen können, sofern sie die von Jesus erstrittene Deutung der Reinheitsvorschriften teilen – und auf die Einhaltung der jüdischen Reinheitsgebräuche verzichten.
Anders als bei der jüdischen Speisung muss diesmal Jesus die Initiative ergreifen (vgl. 6,35f. mit V. 1f.). Die jüdischen Schüler verweigern sich und zeigen angesichts der erlebten jüdischen Speisung volles Unverständnis: „Woher vermöchte jemand (!) diese hier in der Wüste mit Broten zu sättigen?" (V. 4). Der Rest ist bekannt. Im Unterschied zur jüdischen Speisung bleiben diesmal (nur) sieben Körbe übrig, obwohl nur viertausend Menschen (Frauen und Kinder eingerechnet; 6,44: fünftausend Männer) gespeist werden. Auch die Terminologie für „Körbe" ist im Griechischen bewusst gewählt. In 6,43 steht ein Begriff, den der römische Dichter Juvenal als semitisches Lehnwort für die Tragekörbe der Juden, in denen sie ihre Sabbatspeisen warm halten, gebraucht (*cophinus*: Sat 3,14; 6,542).

Die Zeichenforderung der Pharisäer (8,10–13)

> 10 Und sofort stieg er in das Boot zusammen mit seinen Schülern und ging in die Gegenden von Dalmanuta 11 Und es kamen heraus die Pharisäer und begannen mit ihm zu diskutieren. Sie forderten von ihm ein Zeichen vom Himmel, womit sie ihn versuchten. 12 Und er stöhnte in seinem Geist auf und sagt: Was sucht diese Generation ein Zeichen? Amen, ich sage euch: Wenn dieser Generation ein Zeichen gegeben werden soll, [will ich verflucht sein]. 13 Und er ließ sie stehen, bestieg wieder (das Boot) und ging weg ans andere Ufer.

Kaum am heimischen jüdischen Ufer angekommen (8,10), fordern die Pharisäer von Jesus ein Beglaubigungszeichen vom Himmel, durch das er eindeutig und offenkundig seine Worte und Taten legitimieren soll. Im Kontext betrifft das insbesondere seine Grenzüberschreitung zu den Heiden (7,24–8,9). Jesus verweigert sich diesem Ansinnen mit einer wortstarken biblischen Beteuerungsformel („Wenn dieser Generation ein Zeichen gegeben werden soll, [will ich verflucht sein]“; vgl. LXX Ps 94,11; Gen 14,23; Num 32,11; Dtn 1,35). Seine Adressaten spricht er mit „diese Generation“ an. Damit ist in biblischer Sprache die jeweils lebende Generation gemeint, sofern sie sich dem Anspruch Gottes verweigert (vgl. Gen 7,1; Ps 95,10f.; Jer 8,3). Nur der Leser kann wissen, dass das einzige Beglaubigungszeichen vom Himmel, das zu erwarten ist (vgl. 13,24–26; 8,38), gleichzeitig der endgültige Anfang der Endereignisse ist. Dann jedoch ist es für eine Entscheidung für oder gegen Jesus zu spät.
Bevor Jesus mit seinen Schülern zum dritten Mal „ans andere Ufer“ fährt und mit ihnen tatsächlich in Betsaida ankommt (8,22), werden die Fronten geklärt: Er lässt die Pharisäer stehen (V. 13).

Die blinden Schüler (8,14–21)

> [14]Und sie vergaßen, Brote mitzunehmen. Und bis auf ein einzi-
> ges Brot hatten sie nichts bei sich im Boot. [15]Und er trug ihnen
> auf und sagte: Schaut! Habt Acht vor dem Sauerteig der
> Pharisäer und vor dem Sauerteig des Herodes! [16]Und sie mach-
> ten sich beieinander Gedanken, weil sie keine Brote hatten.
> [17]Und als er das erkannte, sagt er ihnen: Was macht ihr euch
> Gedanken, weil ihr keine Brote habt? Begreift ihr noch nicht
> und versteht auch nicht? Habt ihr euer Herz verstockt? [18]Ihr
> habt Augen und seht nicht und Ohren und hört nicht? Und
> erinnert ihr euch nicht? [19]Als ich die fünf Brote gebrochen
> habe für die Fünftausend, wie viele Tragekörbe voll mit
> Brocken habt ihr aufgehoben? Sie sagen ihm: zwölf. [20]Als ich
> die sieben (Brote) für die Viertausend (brach), wie viele Körbe
> an Überresten von Brocken habt ihr aufgehoben? Und sie
> sagen: sieben. [21]Und er sagte ihnen: Noch nicht versteht ihr?

Sauerteig (V. 15) ist in der Antike negativ besetzt. Er provoziert Fäulnis und Gärung. Deshalb wird er in den Haushalten streng getrennt von anderen Lebensmitteln aufbewahrt (vgl. 1 Kor 5,6–8). Ausgerechnet mit diesem Fäulnisproduzenten vergleicht Jesus die Pharisäer und Herodes. Die einen haben seinen Tod geplant (3,6), lauern ihm auf (7,1) und fordern zu seiner Legitimation Zeichen vom Himmel (8,11); der andere hat Johannes den Täufer umbringen lassen (6,21–28). Aber noch mehr: Der Evangelist lässt Jesus ein Gegenmahl zum Herodesmahl inszenieren (vgl. 6,35–44). Die Pharisäer und ihre Schriftgelehrten opponieren gegen Jesu Lehre (2,1–3,6) und zweifeln an dessen Autorisierung. Die Schüler Jesu sollen sich vor ihnen hüten, damit sie nicht „angesteckt“ werden.
Aber sie selbst sind nicht viel besser. Sie zweifeln zwar Jesu Autorität nicht aggressiv an, aber sie verstehen – trotz sei-

ner Worte und Taten und obwohl sie ständig „bei ihm" (3,14) sind – nicht, was vor ihren Augen geschieht. Als sie sich zum dritten Mal auf der Fahrt „ans andere Ufer" (8,13) befinden, machen sie sich Sorgen darüber, dass sie nur ein Brot bei sich haben. Und dabei hat sich ihnen Jesus bei den beiden vorangehenden Überfahrten jeweils in der Macht des Schöpfergottes gezeigt (4,35–41; 6,45–52)! Deshalb wirft Jesus seinen Schülern genau das fragend vor, was eigentlich die „Outsider" kennzeichnet (V. 17f. vgl. 4,11f.). Merkwürdig ist, dass die Zahlenarithmetik der beiden Speisungsgeschichten 6,35–44; 8,1–9 präzise aufgerufen wird (V. 18–20). Soll damit angedeutet werden, dass die Aufgabe der Schüler beim Kommen der Gottesherrschaft, deren Repräsentant Jesus selbst ist, eigentlich nur darin besteht, bereit sein zu müssen, die anderen zu bedienen (vgl. 6,41; 8,6)? Dann brauchen sie sich – mit Jesus im Boot – tatsächlich keine Sorge um die Sättigung der Vielen zu machen.

Die Blindenheilung am Beginn des Weges nach Jerusalem (8,22–26)

22Und sie kommen nach Betsaida. Und sie bringen ihm einen
Blinden und bitten ihn, dass er ihn berühre. 23Und er ergriff die
Hand des Blinden und führte ihn hinaus außerhalb des Dorfes.
Und er spuckte auf seine Augen, legte ihm die Hände auf und
fragte ihn: Ob du etwas siehst? 24Und aufblickend sagte er: Ich
erblicke die Menschen; denn ich sehe (etwas) wie Bäume einhergehen. 25Dann legte er wiederum die Hände auf seine
Augen, und er durchblickte und wurde wiederhergestellt und
blickte alles genau an. 26Und er sandte ihn aus in sein Haus,
indem er sprach: Geh nicht in das Dorf hinein!

Die Blindenheilung von Betsaida, die am Anfang des Weges nach Jerusalem steht und diesen Abschnitt zusammen mit der Blindenheilung in 10,46–52 rahmt, erzählt vordergründig eine schwierige Heilungsprozedur: Beim ersten Mal gelingt die Heilung nicht. Es bedarf einer Korrektur, bis der Blinde endlich klar sieht. Hintergründig, im Anschluss an den Schülertadel (8,18: „Ihr habt Augen und seht nicht …"), wird angedeutet, was Jesus „auf dem Weg" mit seinen Schülern vorhat: Er will ihnen die Augen öffnen für den Weg, auf dem die Gottesherrschaft kommt.

Auf dem Weg (8,27–10,52)

War Jesus im Galiläateil ständig mit dem Boot vom einen zum anderen Ufer unterwegs, so beherrscht den Mittelteil des Evangeliums ein anderes szenisches Grundmuster: Jesus ist mit seinen Schülern „auf dem Weg“ (vgl. 8,27; 9,33; 10,17.32.46.52). Damit wird ein Leitwort aus dem göttlichen Plan 1,2f. aufgegriffen und endlich expliziert: „der Weg“, den der Täufer für den Gottessohn bahnen und die Menschen zu dessen Wegbereitung auffordern soll. Geradezu dramatisch inszeniert der Mittelteil des Evangeliums diesen Weg: Er beginnt in Cäsarea Philippi, dem nördlichsten Punkt Israels, führt durch ganz Israel (Galiläa: 9,30; jenseits des Jordans: 10,1) und endet in Jerusalem, dem Ort der Passion. Im Unterschied zum Galiläateil redet Jesus jetzt nicht mehr in Gleichnissen (4,10–12), sondern sagt „das Wort“ ganz offen (8,32): Es geht um seinen „Königsweg“ ans Kreuz.

Gegliedert ist der Mittelteil des Evangeliums durch drei Passionssummarien (8,31; 9,31; 10,33f.), an die sich jeweils ein Schülerunverständnis und eine Schülerbelehrung anschließen. Dieses literarische Schema stellt einen narrativen Versuch dar, die Konsequenzen der Kreuzesnachfolge in die Situation der Schüler bzw. in die Zeit der Leser zu übertragen. Gerade in diesen Passagen wird Jesus als Lehrer stilisiert (vgl. 8,31; 9,31; 10,35). Hier hören wir das Zentrum der Lehre Jesu, von der vom Anfang des Galiläateils an global oder verschlüsselt die Rede war.

Das Christusbekenntnis des Petrus (8,27–30)

[27]Und es ging Jesus heraus und seine Schüler in die Dörfer von
Cäsarea Philippi. Und auf dem Weg fragte er seine Schüler,

indem er ihnen sagte: Wer sagen die Menschen, dass ich sei?
28Die aber sagten ihm, indem sie sprachen: Johannes der Täufer, und andere: Elija, andere aber: einer der Propheten.
29Und er fragte sie: Ihr aber, wer sagt ihr, dass ich sei? Es antwortete Petrus und sagte ihm: Du bist der Christus. 30Und er
herrschte sie an, dass sie mit niemandem über ihn reden.

„Wer ist dieser?“, diese Frage, von der die Schüler (4,41), die Volksmenge (6,14f.) und sogar Herodes (6,16) umgetrieben wurden, gibt Jesus an seine Schüler zurück. Dabei unterscheidet er streng zwischen der Rekapitulation der Volksmeinungen über ihn und dem, was seine Schüler von ihm halten. Stellvertretend für die anderen nennt Petrus den Titel, den der Leser bereits aus der Überschrift 1,1 als Eigennamen Jesu kennt: Christus (hebr. Äquivalent: Messias). Damit haben die Figuren in der Geschichte den Wissensstand des Lesers eingeholt, aber beide Gruppen müssen weiterlernen. Denn wie die Dämonen, die Jesus mit dem Gottessohntitel angesprochen haben (3,11f.), werden auch Petrus und die anderen Schüler von Jesus „angeherrscht“ und der Titel unter das Schweigegebot gestellt: Wer Jesus ist, kann nicht durch einen Titel zum Ausdruck gebracht werden, sondern muss an seinem Weg abgelesen werden. Darum und um die Konsequenzen für Schüler wie Leser geht es im Mittelteil des Evangeliums.

Das erste Passionssummarium und das Schülerunverständnis (8,31–33)

31Und er begann, sie zu lehren: Es muss der Menschensohn vieles leiden: Er muss verworfen werden von den Ältesten und den Hohenpriestern und den Schriftgelehrten und getötet werden und nach drei Tagen auferstehen. 32Und mit Freimut

> redete er das Wort. Und es nahm ihn zu sich Petrus und begann, ihn anzuherrschen. [33]Er aber wandte sich um und, seine Schüler im Auge, herrschte Petrus an und spricht: Los, hinter mich, Satan, denn du denkst nicht, was zu Gott gehört, sondern was zu den Menschen gehört.

Nicht mehr in rätselhaften Gleichnisworten, sondern ganz offen und klar redet Jesus „das Wort" (V. 32 vgl. 2,2): Sein Weg ist ein Leidensweg. Der Titel, der hier – bei Markus gleichbedeutend mit Christus und Gottessohn – für Jesus verwendet wird, lautet „Menschensohn". Der Leser verbindet damit die Vollmachtsaussagen im Blick auf die Sündenvergebung (2,10) und den Sabbat (2,28). Jetzt erfährt er: Es ist dieser den Leidensweg gehende Menschensohn, der „auf der Erde" (2,10) Sünden vergibt und Herr über den Sabbat ist. Das ist eine Herausforderung für das gängige theologische Denken: In der jüdischen Tradition wird die Gestalt des Menschensohns mit dem endzeitlichen Gericht verbunden (vgl. Dan 7,13f.). Allenfalls wird von der göttlichen Weisheit erzählt, dass sie auf die Erde kommt, aber wieder in den Himmel zurückkehrt, weil sie von den Menschenkindern abgewiesen wird (äthHen 42,1–3). Nirgends aber ist davon die Rede, dass eine himmlische Gestalt wie der Menschensohn oder die göttliche Weisheit auf Erden einen menschlichen Tod sterben oder gar gekreuzigt werde. Dabei ist zu bedenken, dass gläubige Juden einen Gekreuzigten für einen von Gott Verfluchten halten (vgl. Dtn 21,23), ein Römer das Wort „Kreuz" nicht einmal in den Mund nimmt (vgl. Cic., Rab 16). Ein Gekreuzigter ist ein Verfemter, der aufgrund seiner Taten verurteilt und damit außerhalb des menschlichen Sozialgefüges gestellt worden ist. Seine fleischlichen Überreste werden nicht bestattet, sondern den Tieren zum Fraß überlassen.

Es ist der christliche Theologe Markus, der den historischen Lebensweg Jesu, der mit dem Kreuzestod endet, mit Titeln qualifiziert, die in der jüdischen Theologie für die hervorragendsten Heilsgestalten reserviert werden: Menschensohn genauso wie Christus/Messias und Gottessohn. Weil sich christliche Ohren über 2000 Jahre hinweg an diese Titel für Jesus gewöhnt haben, spüren sie die Provokation nicht mehr, die darin steckt: die Würde der Titel wird für Jesus in Anspruch genommen; aber es ist sein Lebensweg, der den Inhalt dieser Titel neu bestimmt. Er ist der Menschensohn und wird – wie die Tradition es will – zum Gericht erwartet (vgl. 8,38); aber dieser endzeitliche Richter wurde auf Erden seinerseits von den religiösen Autoritäten seines Volkes gerichtet und zum Kreuzestod verurteilt. Er ist der Christus und wirft – wie die Tradition es will – die Feinde aus dem Land; aber er hat nicht die außenpolitischen Feinde im Visier: die Heiden, die Römer – an ihr „Ufer“ zu gelangen, ist Jesus sogar bestrebt und baut die religiös bestimmten Grenzen zu ihnen ab –, sondern die „innenpolitischen“ Feinde: die Dämonen. Er ist Gottes Sohn und erweist sich – wie die jüdische Tradition vom König Israels, der zum Sohn Gottes eingesetzt wird (Ps 2,7), es will – als wahrer „Hirte“ Israels (vgl. 6,34) bzw. – wie die römische Tradition vom Kaiser, der sich „Gottessohn“ (vgl. 1,1) nennt, es will – als „Erster“; aber Jesus ist der „Erste“, indem er anderen dient (10,42–45); und sein „Königsweg“ sieht anders aus: Seine Inthronisation findet bei der Geißelung statt (vgl. 15,16–20). Dabei zeigt sich die theologische Spitze des Markusevangeliums darin, dass Jesus – historisch unzutreffend, aber das theologische Denken bis an die Grenzen des Möglichen herausfordernd – gerade deswegen gekreuzigt wird, weil er diese Umkehrung der durch die Tradition geprägten religiösen Denkvorstellungen auch noch selbst lehrt (vgl. V. 31f.).

Das Schülerunverständnis (V. 32) bringt die vergessene Provokation der Jesuslehre vom Menschensohn, Christus und Gottessohn auf den Punkt: Petrus hält Jesus – wie die Schriftgelehrten vor ihm (vgl. 3,22) – für besessen. Er „herrscht" ihn nämlich „an" (V. 32), ein Verfahren, wie es von Jesus erzählt wird, wenn er Dämonen austreibt (vgl. 1,25; 3,12; 4,39). Im Gegenzug (V. 33) wendet Jesus die gleiche Prozedur auf Petrus an (V. 33) – im Blick auf alle Schüler, die genauso denken wie Petrus. Im Sinn Jesu – und des Erzählers – spricht aus Petrus der Satan. Die Streitfrage im Markusevangelium ist also nicht, ob Jesus der Menschensohn, der Christus und der Gottessohn ist, sondern ob der Weg Jesu mit seinen Worten und Taten als von Gott autorisiert anerkannt wird und Jesus deshalb Menschensohn, Christus und Gottessohn genannt wird. Nur Letzteres heißt im Sinn des Markusevangeliums Gottes Gedanken denken (vgl. V. 33).

Die Schülerbelehrung: Nachfolge und Selbstverleugnung (8,34–9,1)

34Und nachdem er zu sich gerufen hatte die Volksmenge zusammen mit seinen Schülern, sagte er ihnen: Wenn einer hinter mir nachfolgen will, soll er sich selbst verleugnen und sein Kreuz auf sich nehmen und soll mir nachfolgen. 35Denn
wer auch immer sein Leben retten will, wird es verlieren. Wer auch immer sein Leben verlieren wird, meinetwegen und des Evangeliums wegen, wird es retten. 36Was nützt es nämlich
einem Menschen, die ganze Welt zu gewinnen, aber sein Leben zu verlieren? 37Was nämlich würde ein Mensch als
Tauschwert geben für sein Leben? 38Denn wer auch immer
sich meiner und meiner Worte schämt vor dieser ehebrecheri-

schen und sündigen Generation, dessen wird sich auch der Menschensohn schämen, wenn er kommt in der Herrlichkeit seines Vaters zusammen mit den heiligen Engeln. 9,1Und er sagte ihnen: Amen, ich sage euch: Es sind einige der hier Stehenden, die nicht schmecken werden den Tod, bis sie sehen die Königsherrschaft Gottes, gekommen in Macht.

In der Schülerbelehrung werden die Konsequenzen gezogen, die sich aus dem provokativen Christus-Weg für den Schüler ergeben. Die auffällige Regieanweisung, dass „die Volksmenge zusammen mit seinen Schülern" herbeigerufen wird, hängt inhaltlich damit zusammen, dass hier wahres „Schülersein" definiert wird. Nicht die Berufung durch Jesus macht automatisch zum Schüler, schon gar nicht die Einsetzung in den Zwölferkreis, wie an Petrus zu sehen ist, sondern allein die Tatsache, ob der Schüler die *Lehre* Jesu zu *lernen* und umzusetzen bereit ist. Hinter Jesus hergehen, heißt Kreuzesnachfolge praktizieren. Aber der „Kreuzweg" (V. 34: „sein Kreuz auf sich nehmen") sieht bei jedem Schüler verschieden aus. Bei dieser ersten Schülerbelehrung wird er im Vorausblick auf Petrus exemplifiziert. Für ihn würde „Kreuzesnachfolge" bedeuten, im Hof des Hohenpriesters statt Jesus (14,66–72) *„sich selbst zu verleugnen"* (V. 34), also im entscheidenden Augenblick sich *zu Jesus zu bekennen.* Die folgenden Sprüche (V. 36f.) verallgemeinern den Sachverhalt im Blick auf das Endgericht als letzte Wertungsinstanz für ein Leben. Wahre Rettung des Lebens besteht gerade nicht in der Rettung der eigenen Haut, sondern darin, den Weg, der zur Gottesherrschaft führt („Evangelium") in den Spuren Jesu, wie sie im „Evangelium von Jesus Christus" erzählt werden, zu gehen, auch wenn das in den Augen der anderen zum Verlust von Lebensqualität oder gar des Lebens selbst führt. Nur auf diesem Weg wird wahres

Leben gefunden – oder verloren. Das entscheidende Kriterium beim Endgericht (V. 38) ist gemäß dem Markusevangelium, ob sich jemand der Lehre Jesu schämt: Dann wird auch der Menschensohn bei seiner Wiederkunft nicht zu ihm stehen (V. 38); oder ob er sich zu Jesu Lehre bekennt und sie selbst praktiziert: Dann gehört er zu denen, die auch in der vollendeten Gottesherrschaft (wieder) mit Jesus zusammen feiern dürfen (9,1; vgl. 2,19f.; 14,25).

Die Verklärung Jesu (9,2–8)

> [2]Und nach sechs Tagen nahm Jesus mit sich Petrus und
> Jakobus und Johannes und führt sie hinauf auf einen hohen
> Berg, sie ganz alleine. Und er wurde verwandelt vor ihnen.
> [3]Und seine Kleider wurden überaus strahlend weiß, wie ein
> Walker auf Erden nicht vermöchte sie so weiß zu machen.
> [4]Und es erschien ihnen Elija mit Mose, und sie redeten mit
> Jesus. [5]Und antwortend sagt Petrus Jesus: Rabbi, gut ist es,
> dass wir hier sind. Und wir wollen drei Zelte machen, dir eines
> und Mose eines und Elija eines. [6]Er wusste nämlich nicht, was
> er antwortete, erschreckt nämlich wurden sie. [7]Und es
> geschah eine Wolke, die sie überschattete, und es geschah
> eine Stimme aus der Wolke: Dieser ist mein Sohn, der Geliebte,
> hört auf ihn! [8]Und als sie umherblickten, sahen sie plötzlich
> überhaupt niemanden mehr, sondern nur Jesus allein bei
> ihnen.

Die Verklärungserzählung ist aus Versatzstücken der Sinaiperikope Ex 24 modelliert: Mose steigt auf den Berg (V. 12), er nimmt ausgewählte Begleiter mit (V. 1.12–15), sechs Tage lang bedeckt die Wolke den Berg, bevor am siebten Tag die Stimme Gottes aus der Wolke spricht (V. 16).

Das Besondere jedoch, das nur bei Jesus geschieht, wird eigens, so betont es der Text, für die ausgewählten Schüler inszeniert: Vor ihren Augen wird Jesus verwandelt (V. 2) – und zwar in eine himmlische Gestalt, erkennbar an den strahlend weißen Kleidern, wie sie auf Erden nicht hergestellt werden können. Ihnen erscheinen Elija und Mose (V. 4). Mit dem einen wurde Jesus – nicht zu Unrecht – verwechselt (vgl. 6,14f.; 8,28; 6,35–44), von dem anderen übernimmt er die Lagerordnung für das Gottesvolk (vgl. 6,40). Von beiden weiß die jüdische Tradition zu erzählen, dass sie in den Himmel entrückt wurden, was gleichzeitig bedeutet, dass sie am Ende der Zeit wieder auf der Erde erwartet werden, um eine bestimmte Aufgabe im Endzeitgeschehen zu übernehmen (vgl. 2 Kön 2,10-12; Mal 3,23f.; Sir 48,10; sowie Dtn 34,5f. und Dtn 18,15–18). Nachdem beide mit Jesus sprechen, kann Jesus mit keinem von beiden identisch sein. Das ist die eine Lektion, die von den Schülern gelernt werden soll. Die andere ist: Die Zukunft Jesu wird für sie sichtbar. Auch er wird, wie Elija und Mose, entrückt werden, um eine eschatologische Aufgabe zu übernehmen: Er wird als Menschensohn zum Gericht „in der Herrlichkeit seines Vaters zusammen mit den heiligen Engeln" (8,38) wiederkommen. Schließlich werden die Schüler von der Stimme aus der Wolke direkt angesprochen (V. 7). Die Identifizierung Jesu mit dem Sohn Gottes, die der Leser bereits in 1,11 miterleben durfte, wird nun vor ausgewählten Figuren der Erzählung vollzogen. Allerdings mit einem besonderen Akzent: Den Sohn Gottes soll man nicht bewundern oder bestaunen, sondern auf ihn hören, wie auf den mosegleichen Propheten, dem Gott seine Worte in den Mund legen und der deshalb Gottes Willen zur Sprache bringen wird (vgl. Dtn 18,15–18). Damit wird gerade die umstrittene Lehre vom Weg des Christus/Gottessohnes/Menschensohnes von der göttlichen Stimme selbst autorisiert.

Im nächsten Augenblick ist alles verschwunden (V. 8). Was die Schüler (und die Leser) sehen dürfen, ist ein kurzer Blick hinter die irdisch sichtbare Wirklichkeit – und zwar als Motivation dafür, die Kreuzesnachfolge gemäß der Lehre Jesu zu praktizieren. Deshalb ist der Vorschlag des Petrus, drei Hütten zu bauen und die Himmelserscheinung festhalten zu wollen, purer Unsinn und hieße das literarische Schaubild missverstehen, wie der Erzähler in V. 6 erklärt.

Dogmatische Rückfragen beim Abstieg (9,9–13)

> [9]Und als sie herabstiegen vom Berg, trug er ihnen auf, dass sie niemandem erzählen sollten, was sie sahen, es sei denn, wenn der Menschensohn aus Toten auferstanden ist. [10]Und sie ergriffen das Wort, indem sie miteinander diskutierten, was das sei: aus Toten auferstehen. [11]Und sie fragten ihn, indem sie sprachen: Warum sagen die Schriftgelehrten, dass Elija zuerst kommen muss? [12]Er aber sagte ihnen: Elija kommt zuerst und stellt alles wieder her. Und warum ist geschrieben über den Menschensohn, dass er vieles erleidet und verachtet wird? [13]Aber ich sage euch: Elija ist gekommen, und sie haben mit ihm gemacht, was sie wollten, wie über ihn geschrieben steht.

Das Besondere am Schweigegebot in V. 9 ist, dass es terminiert wird: Vom himmlischen Jesus darf erst nach seiner Auferweckung gesprochen werden – und das heißt: *nach* seiner Kreuzigung und von Jesus *als Gekreuzigtem* (16,6).
Mit „Auferstehung“ ist das theologische Stichwort gefallen, das die Schüler aufgreifen, um ihrerseits Jesus in ein Streitgespräch zu verwickeln. Dazu greifen sie die gängigen Positionen der jüdischen Eschatologie auf, wie sie von den Schriftgelehrten präsentiert und gelehrt werden: Vor der

Auferstehung der Toten und dem dann zu erwartenden Endgericht muss – nach dem göttlichen Plan – zuerst Elija kommen (vgl. Mal 3,23f.; Sir 48,10). Wie ist das möglich, wenn Jesus schon bald gekreuzigt wird und mit seiner dann zu erwartenden Auferstehung die Endereignisse bereits einsetzen – ohne dass Elija gekommen wäre? Und wie kann der Menschensohn verworfen werden, wo doch Elija, wie die Schriftgelehrten lehren, ihm vorausgeht und „alles wiederherstellt“, also das Volk für den Menschensohnrichter vorbereitet (vgl. Mal 3,23f.)? Lehre prallt auf Lehre. Die auf den göttlichen Willen pochen, wie ihn die Schriftgelehrten lehren, verwerfen die Lehre Jesu, die gerade im Schaubild der Verklärung durch die Gottesstimme selbst autorisiert worden ist.

Jesus – und hinter ihm der christliche Theologe Markus – verteidigt seine Position: Der Plan Gottes wird erfüllt, aber anders als es die Schulbücher der Theologen vorschreiben: Elija ist schon gekommen. Allerdings haben all diejenigen, die wie die Schüler Jesu auf die gängigen theologischen Modelle fixiert bleiben, es nicht gemerkt, sondern „mit ihm gemacht, was sie wollten“ (V. 13). Der Täufer, der in seinem Todesgeschick den Weg Jesu vorausgegangen ist, war der verheißene Elija. Es stimmt: Keineswegs hat er „alles wiederherstellen“ können, wie es das theologische Modell für ihn vorschreibt. Er ist verworfen worden. Soll es dann dem Menschensohn, dem er vorausgeht, um ihm den Weg zu bereiten, anders ergehen?

Wenn der Autor behauptet, das Leidensgeschick sowohl des Menschensohns als auch das von Elija werde durch die Schrift bezeugt (V. 12f.), kann er sich allenfalls auf die Figur des Gottesknechtes beziehen (Jes 52,13–53,12). Damit konturiert er den Täufer und Jesus bereits von einer theologischen Gestalt her, die dem tatsächlichen Lebensgeschick der beiden viel näher steht als die theologisch geprägten Figuren Elija und Menschensohn, deren Würde für den Täufer bzw. Jesus in Anspruch genommen wird. Aber genau darum geht es: Nicht die theologischen Modelle müssen von Gott erfüllt werden, sondern der Plan Gottes enthüllt sich in den irdischen Gestalten des Täufers und Jesu von Nazaret – für den, der Augen hat zum Sehen und Ohren zum Hören (4,11f.).

Die erfolglosen Schüler (9,14–29)

[14]Und sie kamen zu den Schülern und sahen eine große
Volksmenge um sie herum und Schriftgelehrte, die mit ihnen
diskutierten. [15]Und sofort, als die ganze Volksmenge ihn sah,
erschauderten sie, liefen zu ihm und begrüßten ihn. [16]Und er
fragte sie: Was diskutiert ihr mit ihnen? [17]Und es antwortete
ihm einer aus der Volksmenge: Lehrer, ich habe meinen Sohn
zu dir gebracht, der einen stummen Geist hat. [18]Und wo auch
immer er ihn ergreift, reißt er ihn nieder, und er schäumt und
knirscht mit den Zähnen und wird starr. Und ich sagte deinen
Schülern, dass sie ihn hinauswerfen sollen, und sie hatten
nicht die Kraft dazu. [19]Er aber antwortete und sagt ihnen: Oh
ungläubige Generation, wie lange soll ich noch bei euch sein?
Wie lange soll ich euch noch ertragen? Bringt ihn zu mir!
[20]Und sie brachten ihn zu ihm. Und nachdem ihn der Geist
gesehen hatte, riss er ihn (sc. den Knaben) mit sich hin und her,
und er fiel auf die Erde und wälzte sich – mit Schaum vor dem
Mund. [21]Und er fragte seinen Vater: Wie lange Zeit ist es, dass
dieses mit ihm geschieht? Der aber sagte: Von Kind auf. [22]Und
oft hat er ihn ins Feuer geworfen und ins Wasser, um ihn zu
vernichten. Aber wenn du etwas vermagst, hilf uns und hab
Mitleid mit uns! [23]Jesus aber sagte ihm: Das Wenn-du-ver-
magst ... alles vermag der Glaubende. [24]Sofort krächzte der

Vater des Kindes und sagte: Ich glaube. Hilf meinem Unglauben! 25Es sah aber Jesus, dass eine Volksmenge zusammenlief. Da herrschte er den unreinen Geist an, indem er ihm sagte: Sprachloser und stummer Geist, ich ordne dir an: Geh heraus aus ihm und geh nicht mehr in ihn hinein. 26Und krächzend und heftig zerrend ging er heraus. Und er wurde wie ein Toter, so dass die Vielen sagten: Er ist gestorben. 27Jesus aber ergriff seine Hand und weckte ihn auf, und er stand auf. 28Und nachdem er ins Haus hineingegangen war, fragten ihn seine Schüler unter sich: Dass wir nicht vermochten, ihn hinauszuwerfen? 29Und er sagte ihnen: Diese Art kann durch nichts anderes herausgehen als durch Gebet [und Fasten].

Wie es eine Probefahrt „ans andere Ufer“ zu den Heiden gibt, bei der Jesus seine Schüler zwingt, alleine ins Boot zu steigen und damit die Zeit seiner Abwesenheit simuliert (6,45–52), so gibt es auch einen Probelauf für die Heilungstätigkeit – ebenfalls in Abwesenheit Jesu. Während Jesus vor den Augen dreier ausgewählter Schüler auf dem Berg in einen Himmelsbewohner verwandelt wird, erleben die anderen in den Niederungen des Alltags einen enttäuschenden Misserfolg: Sie können den Dämon, von dem ein Knabe besessen ist, nicht austreiben (V. 28). Das scheint den Schriftgelehrten, mit denen sie sich streiten (V. 14–16), Recht zu geben. An seinen Schülern sieht man, was sie von Anfang an behauptet haben: Die göttliche Vollmacht, die Jesus an seine Schüler übertragen hat, ist angemaßt und damit wirkungslos.

Die Perikope ringt offensichtlich mit dem Problem, dass in christlichen Gemeinden die Vollmacht zur Dämonenaustreibung, wie sie von Jesus an seine Schüler delegiert worden ist, nicht ohne weiteres zum sichtbaren Erfolg führt. Im narrativen Duktus der Erzählung wird dafür vor allem folgender Grund angegeben: Die Vollmacht zur Dämonenaustreibung wirkt nicht automatisch. So aber hat es den Anschein in 6,30, wo die Schüler Jesu ihr erfolgreiches Wirken auf ihr eigenes Tun zurückführen. Unsere Erzählung dagegen hält fest: Sowohl auf Seite der Hilfesuchenden als auch auf der Seite der Heilenden ist Glauben von Nöten. Und das bedeutet: die Anerkennung der göttlichen Autorisierung des nach Jerusalem ans Kreuz gehenden Jesus. Der Weheruf über diese „ungläubige Generation" (V. 19), der in 8,12 an die Adresse der Pharisäer gerichtet war, ist hier auf die Schüler zu beziehen: Ihnen fehlt dieser Glaube. Aber auch Jesus selbst unterstellt sich der gleichen Bedingung als entscheidender Basis für sein eigenes exorzistisches Wirken. Er ist kein Wunderheiler, sondern zeigt, was möglich ist, wenn man an den Plan Gottes, der die Gottesherrschaft heraufführen will, wirklich glaubt. Das steckt hinter der Reaktion Jesu auf den Vater, der seinerseits an Jesu Heilungsfähigkeit zu zweifeln beginnt (V. 22–24).

Was in V. 25–27 erzählt wird, ist eine klassische Exorzismusgeschichte, wie sie im Markusevangelium schon mehrmals erzählt worden ist (vgl. 1,23–27; 5,6–10). Die Vorgeschichte, also das Gespräch zwischen Jesus und dem Vater (17–24) zeigt die Hintergründe auf, verbalisiert die Haltung, die nötig ist, damit das geschehen kann, was mit den Augen zu beobachten ist.

Die Hausszene (V. 28f.) übersetzt die Erzählung in die Gegenwart der Leser: Für die Zeit der Abwesenheit Jesu bleibt allein das Gebet als angewandter Glaube. Diese Lösung wirkt auf den ersten Blick ein wenig hilflos. Aber sie ordnet sich in das Gesamtkonzept des Markusevangeliums ein, wenn wir weiterlesen und die Übertragung der Kreuzesnachfolge in die Zeit der Leser studieren. Dann ist nämlich das Versagen der Schüler – gerade im Kontrast zu anderen

Exorzisten, die erfolgreich sind, obwohl sie sich nicht zum Nachfolgekreis Jesu zählen – ein Test für die praktizierte Kreuzesnachfolge im Sinn der Bereitschaft zum letzten Platz (vgl. 9,38–40).

Das zweite Passionssummarium und die Übertragung auf die soziale Realität der Gemeinde (9,30–35)

> 30Und nachdem sie von dort hinausgegangen waren, zogen sie durch Galiläa, und er wollte nicht, dass davon jemand Kenntnis nehme. 31Er lehrte nämlich seine Schüler und sagte ihnen: Der Menschensohn wird überliefert in die Hände von Menschen, und sie werden ihn töten, und getötet wird er nach drei Tagen aufstehen. 32Die aber verstanden den Ausspruch nicht, und sie fürchteten sich, ihn zu fragen. 33Und sie kamen nach Kafarnaum. Und als er im Haus war, fragte er sie: Worüber habt ihr euch auf dem Weg Gedanken gemacht? 34Die aber schwiegen. Miteinander nämlich hatten sie auf dem Weg darüber gesprochen, wer größer ist. 35Und nachdem er sich gesetzt hatte, rief er die Zwölf und sagt ihnen: Wenn einer Erster sein will, soll er der Letzte von allen sein und aller Diener.

Wie in 8,31–9,1 liegt auch hier das Schema vor: Passionssummarium (V. 31) – Schülerunverständnis (V. 32) – Schülerbelehrung (V. 33–35). Wie dort werden die Konsequenzen formuliert, die sich aus dem Weg des Menschensohnes für die Welt der Schüler ergeben. Ausdrücklich wird das Passionssummarium als Lehre qualifiziert, deren Sinn von den Schülern zunächst nicht verstanden, aber dann „im Haus" durch Jesus, der dazu eigens die Pose des Lehrers einnimmt (in der Antike sitzt der Lehrer: V. 35), entschlüsselt: „Wenn einer Erster sein will ..." Dabei geht es weder um einen evtl.

kurzfristigen Rollentausch noch um ein Qualifikationsmerkmal für den innergemeindlichen Aufstieg (die besten Diener werden Erste), sondern um die tatsächliche und dauerhafte Aufgabe aller Statusansprüche. In der Schülergemeinde gibt es nur Diener. Und Diener sein bedeutet: die letzte Rangstufe einnehmen. Deshalb sind die Schüler auf dem *falschen* Weg, wenn sie „auf dem Weg" über die Rangfolge ihrer Gruppe diskutieren (V. 34). Die Ironie des Erzählten liegt darin, dass diese „Belehrung" der Schüler in Kafarnaum im gleichen Haus stattfindet, in dem die Schwiegermutter des Petrus ohne Belehrung das bereits vorbildhaft praktiziert hat (1,29–31), was die Schüler – und in ihrer Mitte die Zwölf – mühevoll lernen müssen.

In den folgenden Episoden wird der Grundsatz vom Dienen für exemplarische Bereiche des Gemeindelebens durchbuchstabiert. Dabei ergeben sich im Abschnitt bis zum dritten Passionssummarium in 10,32–34 folgende Entsprechungen: Der Grundsatz von den Ersten und Letzten (9,35) wird in der Erzählung vom Reichen (10,17–31) und deren Schlusssentenz (V. 31) wieder aufgegriffen. Der ersten Kinderepisode (9,36f.) folgt eine zweite in 10,13–16. Während in der Streitfrage um den fremden Exorzisten (9,38–40) das Außenverhältnis der Gemeinde beleuchtet wird, geht es im Streitgespräch um die Ehescheidung (10,2–12) um interne Angelegenheiten der Gemeindeglieder innerhalb ihrer eigenen Häuser. Alle Episoden sind ringförmig um die Spruchreihe 9,41–50 gruppiert, in der Einlassbedingungen ins ewige Leben bzw. in die Gottesherrschaft behandelt werden. Es geht also in diesem Abschnitt um die Praktizierung der Kreuzesnachfolge im markinischen Sinn der Bereitschaft zum Statusverzicht als Eingangsbedingung in die Gottesherrschaft.

Das Kind in die Mitte! (9,36f.)

> 36 Und er nahm ein Kind, stellte es in die Mitte von ihnen und umarmte es und sagte ihnen: 37 Jeder, der eines von diesen Kindern gastlich aufnimmt um meines Namens willen, nimmt mich gastlich auf. Und jeder, der mich gastlich aufnimmt, nimmt nicht mich gastlich auf, sondern den, der mich ausgesandt hat.

Beim griechischen Wort für „Kind", das hier verwendet wird (*paidion*), hört man das Wort „Sklave" (*pais*) mit. Gemeint ist nicht das Kind im Blick auf die Beziehung zu den Eltern, dafür gibt es ein eigenes Wort (*teknon*), sondern das Kind im Blick auf seine Rangstufe innerhalb der Gesellschaft. Kinder in der Antike stellen eine mögliche Einnahmequelle für ihre Eltern dar. Sie können für diverse Arbeiten in fremden Häusern „vermietet" werden. Bei Gastmählern müssen sie kleine Dienste verrichten: den Gästen die Schuhe ausziehen, ihnen Wasser zum Händewaschen bringen usw. Nachdem unsere Szene „im Haus" spielt, kann ein solches Tischsklavenkind assoziiert werden. In der Rangfolge der gesellschaftlichen Stufenleiter steht es ganz unten. Jesus nimmt es als Exempel und stellt es – wie den Mann in der Synagoge von Kafarnaum (3,3) – in die Mitte. Sowohl vom griechischen Terminus her als auch im Blick auf den szenischen Kontext ist mit „aufnehmen" die gastliche Aufnahme in die Tischgemeinschaft gemeint: Der die niedrigsten Dienste bei Tisch verrichtet, bekommt den gleichen Platz wie alle anderen. Die „Aufnahme" eines „Kindes" wird damit zum Extrembeispiel für die Rangstufenveränderung in der Gemeinde, die „auf dem Weg" des Menschensohnes von ihm „Nachfolge" lernen will. In einem Kettenschluss (V. 37) wird die „Aufnahme" eines Kindes mit der Aufnahme Jesu bzw. dessen, der ihn gesandt hat, Gott, gleich gesetzt. Nachdem in der

Antike der Wert eines Gastgebers sich nach den Gästen bemisst, die er zu Tisch lädt, steht in den Augen all derer, die die Maßstäbe der Kreuzesnachfolge teilen, demjenigen Gastgeber der höchste Rang zu, der die Niedrigsten zu Tisch lädt.

Der fremde Wundertäter (9,38–40)

> 38 Es sagte ihm Johannes: Lehrer, wir sahen einen, der in deinem Namen Dämonen austreibt. Und wir haben versucht, ihn daran zu hindern, weil er uns nicht nachfolgte. 39 Jesus aber sagte: Hindert ihn nicht! Niemand nämlich, der in meinem Namen eine Machttat tut, wird so schnell schlecht über mich reden. 40 Wer nämlich nicht gegen uns ist, ist für uns.

Das entscheidende Manko des erfolgreichen Exorzisten (vgl. dagegen 9,14–29) besteht darin, dass er nicht zur Schülergruppe Jesu gehört. Diese versucht, ihn an seinem exorzistischen Wirken zu hindern, „weil er *uns* nicht nachfolgte", wie es ausdrücklich heißt (V. 38). Diese Formulierung ist nur aus der Sicht einer nachösterlichen Gemeinde möglich, die nun ihrerseits die Vollmacht zur Dämonenaustreibung weitergibt und das Copyright darüber zu haben meint. Wer nicht in der richtigen Sukzession steht, darf – im Namen Jesu – Menschen nicht von bösen Dämonen befreien!

Der markinische Jesus teilt diese Ansicht nicht. Seine Kriterien sind andere. An erster Stelle steht nicht die Gruppenzugehörigkeit, sondern die Not der Kranken, die auf jeden Fall gelindert werden muss. Außerdem wird, wer „im Namen Jesu" wirkt, so schnell nicht gegen Jesus (und seine Gruppe) Stellung beziehen. Zwar ist kein neues Gruppenmitglied gewonnen, aber es gibt einen Sympathisanten mehr. Im Kontext des Grundsatzes vom Dienen gehört, geht es also darum, dass die Gemeinde ihren unmittelbaren Rückbezug auf Jesus nicht als Vorrangstellung gegenüber anderen ausspielt.

Habt Salz in euch! (9,41–50)

> 41Jeder, der euch einen Becher Wasser zu trinken gibt, unter der Berufung darauf, dass ihr zu Christus gehört, amen, ich sage euch: Nicht wird er verlieren seinen Lohn. 42Jeder, der einem dieser Kleinen, die an mich glauben, Ärgernis gibt, besser wäre (es) für ihn, wenn herumgelegt wäre ein Mühlstein um seinen Nacken und er geworfen wäre ins Meer. 43Und wenn dir deine Hand Ärgernis gibt, hau sie ab. Besser ist es für dich, verstümmelt hineinzugehen in das Leben, als mit zwei Händen wegzugehen in die Gehenna, in das unauslöschbare Feuer. [44] 45Und wenn dein Fuß dir Ärgernis gibt, hau ihn ab! Besser ist es für dich, hineinzugehen in das Leben lahm, als mit zwei Füßen in die Gehenna geworfen zu werden. [46] 47Und wenn dein Auge dir Ärgernis gibt, wirf es heraus! Besser ist es für dich, einäugig hineinzugehen in das Königtum Gottes, als mit zwei Augen geworfen zu werden in die Gehenna, 48wo ihr Wurm nicht stirbt und das Feuer nicht erlischt. 49Jeder nämlich muss mit Feuer gesalzen werden. 50Gut ist das Salz. Wenn aber das Salz salzlos wird, womit werdet ihr es würzen? Habt in euch Salz und haltet Frieden untereinander!

Die gleichförmig formulierte Spruchreihe von der Hand, dem Fuß und dem Auge (V. 43–48) wird einerseits gerahmt von zwei Sprüchen, die konträre Verhaltensweisen Jesusschülern gegenüber thematisieren (41f.), andererseits von den Salzsprüchen (49f.).

Salz ist in der griechischen Antike Symbol für Gastfreundschaft. Sie realisiert sich beim gemeinsamen Mahl, bei dem man Salz und Brot miteinander teilt. Der Schlusssatz V. 50 ist also eine Mahnung zur Gastfreundschaft innerhalb der Gemeinde. Nun ist die Tischgesellschaft in der Antike Spiegel für das Prestige sowohl des Gastgebers als auch der Gäste. An der Tatsache, wer überhaupt eingeladen wird, wer bei Tisch dient bzw. bedient wird und wer welchen Platz zugewiesen bekommt (vgl. Lk 14,7–11), wird das soziale Ranking sichtbar. Ob der Grundsatz vom Dienen tatsächlich Auswirkung auf die Praxis des Gemeindelebens hat, wird auf diesem äußerst sensiblen Feld des Mahlverhaltens am deutlichsten erkennbar sein.

Die ganze Spruchreihe kann in diesem Kontext gelesen werden: Die Anfangsverse 41f. kontrastieren das positive Verhalten Außenstehender, die Jesusschülern einen Schluck Wasser reichen, mit dem negativen Verhalten innerhalb der Gemeinde, wo „Kleine", also sozial Niedriggestellte (vgl. die „Kinder" als „Kleinste" in der Gesellschaft: 9,36f.), „skandalisiert" (im Griechischen steht *skandalizein*) werden. Entgegen dem Grundsatz vom Dienen (9,35) werden sie entsprechend ihrer sozialen Stellung innerhalb der Gesellschaft auch in der Gemeinde auf den letzten Platz verwiesen, ohne dass darauf geachtet würde, dass gerade mit der gastlichen Aufnahme des „Kleinsten" der „Größte" als Gast ins Haus tritt (9,37). Der gleiche „Skandal" (6,3) geschah in Nazaret, wo Jesus auf seine Herkunftsfamilie reduziert wurde. Wer innerhalb der Gemeinde so handelt, verdient es, mit einem Eselsmühlstein im Meer versenkt zu werden. Diese Hinrichtungsart ist deswegen besonders erniedrigend, weil die ehrenvolle Bestattung unmöglich gemacht ist.

Mit der Amputation von Hand und Fuß bzw. dem Ausreißen eines Auges (V. 43–48) ist eine Notoperation im Blick, die z. B. bei Wundbrand das letzte Mittel dafür sein kann, das Leben zu retten. Dieser Erfahrungshintergrund wird dafür benutzt,

um Eingangssprüche ins ewige Leben bzw. die endgültige Gottesherrschaft zu formulieren. Wenn Augen, Hand oder Fuß zu einem skandalisierenden Verhalten (V. 42; vgl. Jak 2,2–4.15f.) verleiten, dann ist es besser, sich dieser Körperteile zu entledigen, als das ewige Leben zu verlieren.
Die neue Sozialordnung, die den Grundsatz vom Dienen (9,35) praktiziert, ist das Salz der Schülergemeinschaft Jesu (V. 50).

Der Lehrer kommt zu den Hilfesuchenden (10,1)

> 1Und von dort steht er auf und geht in die Gebiete Judäas jenseits des Jordan. Und es kommen wieder Volksmengen zusammen zu ihm, und, wie er es gewohnt war, lehrte er sie wieder.

Jesus geht selbst in die Gegenden, aus denen Menschen zu ihm gekommen waren, um *geheilt* zu werden (3,7f.). Jetzt verkündigt Jesus ihnen seine *Lehre*.

Von Mann und Frau (10,2–12)

> 2Und es kamen Pharisäer heran und fragten ihn, ob es erlaubt ist einem Mann, seine Frau zu entlassen, wobei sie ihn versuchten.
> 3Der aber antwortete und sagte ihnen: Was hat euch Mose
> geboten? 4Die aber sagten: Es hat Mose gestattet, einen Schei-
> debrief zu schreiben und (die Frau) zu entlassen. 5Jesus aber
> sagte ihnen: Im Blick auf eure Hartherzigkeit hat er euch dieses
> Gebot geschrieben. 6Von Anfang (der) Schöpfung aber hat
> (Gott) sie als männlich und weiblich gemacht. 7Aus diesem
> Grund wird ein Mensch seinen Vater und seine Mutter verlassen
> [und seiner Frau anhangen], 8und die zwei werden zu einem ein-
> zigen Fleisch. So dass sie nicht mehr zwei, sondern ein Fleisch

> sind. [9]Was nun Gott zusammengespannt hat, soll ein Mensch nicht trennen. [10]Und ins Haus (gekommen), befragen ihn seine Schüler wiederum darüber. [11]Und er sagt ihnen: Wer seine Frau entlässt und eine andere heiratet, begeht ihr gegenüber Ehebruch. [12]Und wenn sie ihren Mann entlässt und einen anderen heiratet, begeht sie Ehebruch.

Das Streitgespräch hat einen öffentlichen (V. 2–9) und einen privaten Teil (V. 10–12), der im Rahmen einer Schülerbelehrung „im Haus" die Sachverhalte, die öffentlich diskutiert wurden, für die Verhältnisse der Gemeinde spezifiziert.
Das Streitgespräch mit den Pharisäern hat zwei Pointen: Ob „es erlaubt ist einem Mann, seine Frau zu entlassen" (V. 2), ist eine Fangfrage. Würde Jesus – entgegen der gängigen Praxis – behaupten, dass dies nicht erlaubt sei, würde er sich gegen die Autorität des Mose stellen. Denn die Regelung von Dtn 24,1–4 geht davon aus, dass ein Mann seine Frau „aus seinem Haus fortschicken" kann, nachdem er ihr eine Scheidungsurkunde ausgestellt hat. Diese gibt der Frau die Möglichkeit, legal eine zweite Ehe einzugehen. Jesus unterläuft die List der Pharisäer, indem er sie seinerseits nach der Vorschrift des Mose fragt (V. 3). Sie müssen nun selbst zugeben, dass es sich bei der Scheidungsregulierung um ein Zugeständnis des Mose handelt („Es hat Mose gestattet ..."). Das gibt Jesus die Plattform, um zwischen diesem Gebot, das gemäß 7,8–13 „Menschengebot" ist und in unserem Fall lediglich auf die Hartherzigkeit der Männer reagiert, und dem ursprünglichen Gotteswillen, der die Scheidung nicht vorsieht, zu unterscheiden (V. 5–8). Als Beleg werden Zitate aus den beiden Schöpfungserzählungen kombiniert (Gen 1,27; 2,24). Hier setzt die zweite Pointe an, die ein stark kontextbezogenes Gewicht hat. Entgegen der Fangfrage, die von einer einseitigen Verfügungsmacht des Mannes ausgeht (V. 2), präsentiert die ursprüngliche Schöp-

fungsordnung (V. 7f.) ein paritätisches Verhältnis von Mann und Frau. Der Autor erreicht diese Pointe, indem er zum einen den Bibeltext aus der griechischen Übersetzung des Alten Testaments zitiert, wo nicht – wie im hebräischen Text – vom „Mann" die Rede ist, der „Vater und Mutter" verlässt, sondern generell vom „Menschen"; und indem er andererseits den Nachsatz „und seiner Frau anhangen" weglässt. Erst spätere Abschreiber haben ihn wieder hinzugefügt. Nur der griechische Bibeltext schließlich betont, dass „die zwei" „ein einziges Fleisch" werden, was der Autor im wiederholenden Nachsatz noch einmal eigens hervorhebt. V. 9, der Eingang in die Trauungsliturgie gefunden hat, greift auf ein agrarisches Bild zurück: Mann und Frau sind unter das gleiche Joch „zusammengespannt". Der Mann ist nicht Wagenlenker, sondern genauso Zugtier Gottes wie die Frau. Mit diesen Nuancen wird der Grundsatz vom Dienen (9,35) für das Verhältnis der Ehepartner konkretisiert.

Die Schülerbelehrung im Haus geht konsequenterweise davon aus, dass sowohl Mann als auch Frau scheidungsberechtigt sind, wie es dem hellenistisch-römischen Recht entspricht. Unter Beibehaltung der strengen Linie in der Spur des Gotteswillens wird nun aber doch eine Trennung der Ehepartner ermöglicht. Ehebruch liegt erst dann vor, wenn derjenige Partner, der die Trennung vollzogen hat, einen neuen Partner heiratet. Darin besteht der besondere Akzent der markinischen Version im Vergleich mit den anderen Ehescheidungslogien des Neuen Testaments (vgl. Mt 5,32; Lk 16,18; 1 Kor 7,10f.). Mit der Trennung wird gerade kein endgültiger Schlussstrich gezogen. Sie soll vielmehr einen Prozess anstoßen, dessen Ziel die Wiederversöhnung ist. Deswegen muss der Platz an der Seite des Partners frei bleiben, um die Rückkehr des entlassenen Partners als Möglichkeit demonstrativ offen zu halten.

Die zweite Kinderepisode (10,13–16)

> 13Und sie bringen zu ihm Kinder, damit er sie berühre. Die
> Schüler aber herrschten sie an. 14Als Jesus (das) aber sah,
> wurde er unwillig und sagte ihnen: Lasst die Kinder zu mir
> kommen, hindert sie nicht, solchen nämlich gehört die
> Königsherrschaft Gottes. 15Amen, ich sage euch: Wer die
> Königsherrschaft Gottes nicht wie ein Kind gastlich aufnimmt,
> wird nicht in sie hineingehen. 16Und er umarmte sie und
> sprach ein Lobgebet, wobei er ihnen die Hände auflegte.

Erneut ist von Kindern im Sinn der „Kleinsten“ in der Gesellschaft (*paidion*) die Rede. Der Erzähler setzt sie nicht zu ihren Müttern in Beziehung – davon ist im Text überhaupt nicht die Rede (vgl. dagegen 7,24–30) –, sondern zu den Schülern: Für *sie* wird der Umgang mit den „Kindern“ zum Testfall. Anstelle sie „anzunehmen“ (9,36f.), „herrschen sie sie an“ und spielen damit ihnen gegenüber ihre Vollmacht aus – wie gegenüber Dämonen, die auszutreiben ihnen doch selbst der Glaube fehlt (9,14–29). Sie hindern sie daran, zu Jesus zu kommen, wie sie den Exorzisten, der nicht zu ihrer Gruppe gehört, daran zu hindern versuchten, weiterhin erfolgreich zu wirken (9,38–40).

In diesem Fall schreitet Jesus ein, denn für ihn sind „Kinder“ Exempel für die Annahme der Gottesherrschaft – auf dem Weg, wie ihn der Menschensohn vorzeichnet und wie er den Konturen der Schülerschaft (vgl. 10,17–31) entspricht. Sie haben (noch) nichts und werden als „Kleinste“ stets als Diener eingesetzt. Sie erfüllen vorbildlich die Schülerregel vom Dienen (9,35).

Reichtum und Macht, Nachfolge und geschwisterliche Gemeinschaft (10,17–31)

[17]Und als er herausgezogen war auf den Weg, lief einer herzu, fiel auf die Knie und fragte ihn: Guter Lehrer, was soll ich tun, damit ich ewiges Leben erbe? [18]Jesus aber sagte ihm: Was nennst du mich gut? Niemand ist gut außer dem einzigen Gott. [19]Die Gebote kennst du: Du sollst nicht töten, du sollst nicht ehebrechen, du sollst nicht stehlen, du sollst kein falsches Zeugnis geben, du sollst nicht berauben, ehre deinen Vater und deine Mutter. [20]Der aber sagte ihm: Lehrer, das alles habe ich seit meiner Jugend beachtet. [21]Jesus aber schaute ihn an, gewann ihn lieb und sagte ihm: Eines fehlt dir. Los, was du hast, verkaufe und gib (es) [den] Armen, und du wirst einen Schatz im Himmel haben, und dann hierher: Folge mir nach! [22]Der aber war enttäuscht über das Wort und ging betrübt weg. Er hatte nämlich viele Besitztümer.

[23]Und Jesus schaute sich um und sagt seinen Schülern: Wie schwierig werden diejenigen, die Güter haben, in das Königreich Gottes hineingehen. [24]Die Schüler waren erschrocken über seine Worte. Jesus aber antwortete wieder und sagt ihnen: Kinder, wie schwierig ist es, in die Königsherrschaft Gottes hineinzugehen. [25]Müheloser ist es, dass ein Kamel durch [das] Nadelöhr hindurchgeht, als dass ein Reicher in die Königsherrschaft Gottes hineingeht. [26]Die aber gerieten überaus aus der Fassung und sagten zueinander: Und wer vermag gerettet zu werden? [27]Jesus blickte sie an und sagt: Bei Menschen unmöglich, aber nicht bei Gott. Alles nämlich (ist) möglich bei Gott. [28]Es begann Petrus, ihm zu sagen: Siehe, wir haben alles verlassen und sind dir nachgefolgt. [29]Es sagte Jesus: Amen, ich sage euch: Niemanden gibt es, der verlassen hat Haus oder Brüder oder Schwestern oder Mutter oder Vater oder Kinder oder Äcker meinetwegen und

des Evangeliums wegen, [30]wenn er nicht empfängt hundertfach nun in dieser Zeit Häuser und Brüder und Schwestern und Mütter und Kinder und Äcker unter Verfolgungen, und im kommenden Äon ewiges Leben. [31]Viele Erste aber werden Letzte sein und Letzte Erste.

Die Perikope besteht aus drei Teilen, die inhaltlich aufeinander bezogen sind: die misslungene Berufungserzählung des Reichen (V. 17–22), der Exempel wird für die Schülerbelehrung über die Reichen (V. 23–27) und Auslöser für die Reaktion des Petrus, auf die Jesus differenzierend eingeht (V. 28–31).
Was die Schüler bereits praktiziert haben, dazu ist der Reiche nicht bereit: alles zu verlassen und Jesus nachzufolgen. Trotzdem kann er ewiges Leben gewinnen, sofern er die Gebote Gottes hält. Aus dem Vorgespräch mit dem Reichen, das in den Nachfolgeruf mündet (V. 21), erfahren wir: Auch die Nachfolge Jesu basiert auf den Geboten Gottes und hat den Gewinn ewigen Lebens zum Ziel. Das Besondere am Weg des Nachfolgers besteht darin, dass er in eine Gemeinschaftsform eingebunden ist, die sich entlang den Spuren des leidenden Menschensohns strukturiert (9,31.35). Darauf bezieht sich die Bedingung: alles zu verlassen, um einen Schatz im Himmel zu gewinnen (V. 21). Aber: Die Nachfolger Jesu – das macht Jesus in seiner Antwort auf den Hinweis des Petrus, dass die Schüler genau diese Bedingung befolgt hätten, unmissverständlich klar – dürfen keine Sonderbelohnung im Himmel erwarten: Auch für sie steht „nur" ewiges Leben bereit. Der eigentliche Mehrwert der Nachfolge ist in der Gegenwart auszumachen, selbst unter Bedrängnissen und Verfolgungen: Wer (alternativ) Güter oder Familienangehörige verlässt, um sich der Schülergemeinschaft Jesu anzuschließen, der erhält alles (kumulativ)

hundertfach zurück, nicht nur viele Äcker und Häuser, sondern auch viele Mütter, Brüder und Schwestern. Auffälligerweise fehlen die Väter. Die Position des *pater familias* wird in der Nachfolgegemeinde Jesu nicht besetzt. Beides bedingt sich (nicht nur in antiken Verhältnissen) gegenseitig: Mit der Abgabe der Güter, der Verfügungsmacht darüber und dem damit verbundenen Sozialprestige wird zugleich die für den *pater familias* typische Rechts- und Herrschaftsstellung aufgegeben. Aus dem Patriarchen wird ein Bruder. Das ist der Weg eines „Dieners" in den Spuren des Menschensohns (9,35).

Die harschen Aussagen über die Reichen im Mittelteil, für die das Eingehen in die Gottesherrschaft so aussichtslos betrachtet wird wie der Gang eines Kamels durch ein Nadelöhr, werden durch den Verweis auf Gott, für den alles möglich ist (V. 27), abgemildert. Eingespannt in die Nachfolgeaussagen jedoch ist damit kaum gemeint, dass Gott am Ende noch ein Schlupfloch für die Reichen öffnen wird, sondern eher, dass es ihm möglich ist, ihr Herz (noch während ihrer Lebenszeit) für den Weg der Nachfolge zu öffnen.

Das dritte Passionssummarium (10,32–34)

Wieder liegt das dreiteilige Ensemble vor: Passionssummarium (10,32–34), Schülerunverständnis (10,35–40) und Schülerbelehrung (10,41–45). Jerusalem als Ziel des Weges wird sowohl in der Regieanweisung (V. 32) als auch im Passionssummarium (V. 33f.) eigens genannt. Optisch sieht man Jesus seinen Schülern („Nachfolgern") vorangehen (V. 32). Das Schülerunverständnis ist als eigene Szene ausgebaut. Diesmal melden sich Jakobus und Johannes, die mit Petrus (vgl. 8,32f.) zum auserwählten Dreierkollegium des Zwölferkreises gehören (5,37; 9,2).

32Sie waren aber auf dem Weg hinaufsteigend nach Jerusa-
lem, und es war ihnen vorangehend Jesus, und sie waren
erschrocken, die aber nachfolgten, fürchteten sich. Und wie-
derum nahm er die Zwölf zu sich und begann ihnen zu sagen,
was ihm geschehen wird: 33Siehe, wir gehen hinauf nach
Jerusalem, und der Menschensohn wird überliefert werden
den Hohenpriestern und den Schriftgelehrten und sie werden
ihn zum Tod verurteilen und sie werden ihn überliefern den
Heiden. 34Und sie werden ihn verspotten und anspucken und
geißeln und töten, und nach drei Tagen wird er auferstehen.

Das Schülerunverständnis (10,35–40)

35Da traten an ihn heran Jakobus und Johannes, die Söhne des
Zebedäus, und sagten ihm: Lehrer, wir wollen, dass du, worum
wir dich bitten, für uns machst. 36Der aber sagte ihnen: Was
wollt ihr [von mir], dass ich euch machen soll? 37Die aber sag-
ten ihm: Gib uns, dass – einer zu deiner Rechten und einer zu
deiner Linken – wir sitzen in deiner Herrlichkeit. 38Jesus aber
sagte ihnen: Nicht wisst ihr, was ihr erbittet. Könnt ihr den
Becher trinken, den ich trinke, oder mit der Taufe getauft wer-
den, mit der ich getauft werde? 39Die aber sagten ihm: Wir
können. Jesus aber sagte ihnen: Den Becher, den ich trinke,
werdet ihr trinken und mit der Taufe, mit der ich getauft wer-
de, werdet ihr getauft werden. 40Das Sitzen aber zu meiner
Rechten oder zu meiner Linken steht mir nicht an zu geben,
sondern denen es bereitet worden ist.

Es liegen Anklänge an eine Audienzszene vor: Das Ansuchen um Zulassung einer Bitte (V. 35), die förmliche Rückfrage nach dem Anliegen (V. 36) sowie das Vortragen der Bitte (V. 37). Sie besteht darin, in der himmlischen Herrschaft Jesu (8,38) links und rechts von ihm thronen zu dürfen. Die Zebedaiden fühlen sich sogar imstande – analog zum Menschensohn Jesus – „den Becher zu trinken", den Jesus trinken wird, und die Taufe auf sich zu nehmen, mit der Jesus getauft wird, d. h. das Martyrium zu erleiden. Aber sie wissen nicht worum sie bitten, weil sie – noch immer – unverständig sind: Die Plätze im Himmel werden von Gott verteilt. Und: Im Himmel gibt es keine Ränge mehr, wie sie spätestens nach 10,31 wissen sollten.

Die Schülerbelehrung (10,41–45)

> 41Und als die Zehn (es) hörten, begannen sie unwillig zu werden über Jakobus und Johannes. 42Und Jesus rief sie zusammen und sagt ihnen: Ihr wisst, dass diejenigen, die über die Völker zu regieren scheinen, auf sie herunterherrschen, und ihre Großen ihre Vollmacht gegen sie missbrauchen. 43Nicht so aber ist es bei euch. Sondern: Wer groß werden will unter euch, sei euer Diener, 44und wer Erster unter euch sein will, sei aller Sklave. 45Denn auch der Menschensohn ist nicht gekommen, um sich dienen zu lassen, sondern um selbst zu dienen und sein Leben als Lösepreis zu geben für viele.

Der verständliche Unwillen der anderen zehn Schüler zeigt, dass auch sie noch in Rangstufen denken. Dem steuert die letzte Schülerbelehrung entgegen: Plastisch wird das Herrschaftssystem der Kaiserzeit vor Augen geführt. Wie in einer Pyramide wird Herrschaft von oben nach unten ausgeübt und delegiert (V. 42). Nicht so in der Schülergemeinde! Sie soll als soziale Kontrastwelt gestaltet sein. Erste und Große sind Diener und Sklaven (V. 43f.). Aber nicht so, dass man sich „hochdient" und am Ende zum „Oberdiener" auf-

steigt. Hier gibt es nur Diener und Sklaven – und zwar nicht zum Schein, wie bei den Herrschern (vgl. V. 42: „die ... zu regieren scheinen"), deren angeblich unumschränkte Macht am Ende doch von anderen gesteuert wird (6,21–28). Jesus selbst deutet seinen Tod als einen solchen „Dienstweg", mit dem er sich auf den letzten Platz gestellt hat (V. 45). Den „Lösepreis", der durch diesen Tod zustande kommt, nutzt er nicht – wie beim Sklavenfreikauf üblich –, um sich selbst freizukaufen und dadurch einen Rang höher zu steigen, sondern lässt ihn „vielen" zugute kommen (V. 45).
Im Kontext der Zebedaidenbitte (10,35–40) wird hier klargestellt, dass Kreuzesnachfolge nicht im Nachgehen des Martyriumsweges besteht, sondern in sozialen Kategorien gedacht ist, die im Kontrast zu gesellschaftlichen Wertmaßstäben stehen. Der „Dienstweg" besteht im freiwilligen Statusverzicht, wie er am Weg des Menschensohnes abgelesen werden kann.

Die Blindenheilung am Ende des Weges nach Jerusalem (10,46–52)

46Und sie kommen nach Jericho. Und als er von Jericho herausgeht und seine Schüler und eine ansehnliche Volksmenge, saß der Sohn des Timäus, Bartimäus, ein Blinder, ein Bettler, am
Weg. 47Und als er hörte, dass es Jesus, der Nazarener ist, begann er zu krächzen und zu sagen: Sohn Davids, Jesus, erbarme dich meiner!
48Und es herrschten ihn an viele, damit er schweige. Der aber krächzte umso mehr: Sohn Davids, erbarme dich meiner!
49Und es blieb stehen Jesus und er sagte: Ruft ihn! Und sie rufen den Blinden, indem sie ihm sagen: Hab Mut, steh auf, er ruft dich.
50Der aber warf weg seinen Mantel, stellte sich auf die Füße und kam zu Jesus.
51Und ihm antwortend

> sagte Jesus: Was willst du, dass ich dir tue? Der Blinde aber sagte ihm: Rabbuni, dass ich wieder sehen kann. [52]Und Jesus sagte ihm: Los, dein Glaube hat dich gerettet. Und sofort konnte er wieder sehen und folgte ihm auf seinem Weg nach.

Auch die Heilung des Bartimäus hat Anklänge an eine Audienzszene. Allerdings lassen die Schüler Jesu den Bettler nicht vor. Ja, sie spielen erneut ihre Vollmacht aus, die ihnen als den „Großen" Jesu übertragen wurde (6,7): Sie herrschen den „Kleinen" an, wie sie eigentlich die Dämonen anherrschen sollten! Erst als Jesus stehenbleibt und den Bettler rufen lässt, erweisen sie sich als gehorsame Diener und leiten den Befehl Jesu weiter. Wie die Zebedaiden (10,36) fragt Jesus auch den Bettler: „Was willst du, dass ich dir tue?" (V. 51).
Wie bei der blutflüssigen Frau (5,25–34) kann Jesus die Heilung nur bestätigen, geht ihr doch Glauben voraus: Der Bettler hat, längst bevor er mit Jesus in Berührung kommt, ihn als „Sohn Davids" bekannt (V. 47f.). Allerdings kommt es hier noch zu einer Steigerung: Er erweist sich zusätzlich als vorbildlicher Schüler. Er wirft seinen Mantel weg (V. 50) – und lässt damit alles hinter sich, was er besitzt (vgl. dagegen 10,21f.). Und: Er folgt Jesus „auf seinem Weg nach" (V. 52): Darin besteht wahres Sehen. Dahin will die Lehre Jesu im Mittelteil des Evangeliums Schüler (und Leser) führen.

Zwischen Berg und Tempel von Jerusalem (11,1–15,41)

Der Jerusalemteil ist durch das Schema von sieben Tagen gegliedert. Jeweils am Morgen geht Jesus vom Ölberg aus, wo Betfage und Betanien liegen (11,1), nach Jerusalem hinein und verlässt die Stadt am Abend wieder. In der einzigen Nacht, die er in Jerusalem verbringt, wird ihm der Prozess gemacht. Am nächsten Tag wird er gekreuzigt. An diesem letzten Tag Jesu werden – wie auch in Kaiserviten – die Stunden bis zum Tod durchgezählt. Am siebten Tag herrscht Grabesruhe. Der achte Tag, der erste Tag der „neuen Woche", ist der Tag der Auferweckung, besser: der Tag, an dem die Auferweckung verkündigt wird.
Inhaltlich lassen sich drei Abschnitte erkennen, die jeweils Elemente der vorangehenden Erzählteile aufgreifen: Die Streitgespräche Jesu im Tempel, die er nach seinem Einzug und der Tempelreinigung dort führt (11,1–12,44), sind denen des Galiläateils (2,1–3,6) vergleichbar; die eschatologische Rede, die Jesus vom Ölberg aus mit Blick auf den Tempel hält (13,1–37), der Gleichnisrede des Galiläateils, bei der Jesus im Boot auf dem Meer sitzt und zu den Menschen auf der Erde spricht; in der Darstellung von Prozess, Kreuzweg und Tod Jesu (14,1–15,41) werden die Passionssummarien des Mittelteils erzählerisch ausgefaltet.

Der Einzug in Jerusalem (11,1–11)

1Und als sie in die Nähe von Jerusalem kommen nach Betfage
und Betanien am Ölberg, sendet er zwei seiner Schüler aus
2und sagt ihnen: Los, in das Dorf, gegenüber von euch, und

sofort, wenn ihr hineinkommt, werdet ihr ein Jungtier angebunden finden, auf dem noch nie irgendein Mensch gesessen hat. Löst es und bringt es!
3Und wenn jemand euch sagt: Was macht ihr das? Sagt: Der Herr braucht es. Und sofort schickt er es euch wieder hierher.
4Und sie gingen weg und sie fanden ein Jungtier gebunden an eine Tür außerhalb auf der Gasse, und sie binden es los.
5Und einige von denen, die dort standen, sagten ihnen: Was macht ihr? Ihr bindet das Jungtier los?
6Sie aber sagten ihnen wie Jesus gesagt hat, und ließen sie stehen.
7Und sie bringen das Jungtier zu Jesus und werfen ihre Kleider darauf, und er setzte sich darauf.
8Und viele breiteten ihre Kleider auf dem Weg aus, andere aber Büschel, die sie von den Feldern abgerissen hatten.
9Und die Vorausgehenden und die Nachfolgenden krächzten: Hosanna! Gesegnet der Kommende im Namen des Herrn.
10Gesegnet die kommende Königsherrschaft unseres Vaters David! Hosanna in den Höhen!
11Und er ging hinein nach Jerusalem, in das Heiligtum, und nachdem er ringsum alles angesehen hatte (und) es bereits späte Stunde war, ging er hinaus nach Betanien mit den Zwölfen.

Der Einzug Jesu nach Jerusalem ist die literarische Inszenierung eines Königseinzugs: Er reitet auf dem Füllen eines Esels – wie der Friedenskönig, den Sach 9,9 verheißt. Der Esel ist angebunden – wie das Reittier des Juda, dem der Jakobssegen verheißt, von ihm werde der Herrscherstab nie weichen, bis der kommt, dem er gehört (Gen 49,10f.). Aber Jesus weiß nicht nur, wo der Esel angebunden ist, sondern er lässt „seinen" Esel auch losbinden und zu sich bringen. Kleider werden auf sein Reittier gelegt und vor ihm ausgebreitet – wie bei der Inthronisation eines Königs, bei der Kleider auf dem Weg zum Thron ausgelegt werden (2 Kön 9,13). Dabei bricht das Volk in Jubelrufe aus (1 Kön 1,38–40: für Salomo). Aber anders, als man es für einen König erwartet und bei den Königsprätendenten während des jüdischen Krieges erlebt hat (1 Makk 13,43–52; Jos., Bell II 57–62: Menahem), nimmt Jesus nach dem Einzug nicht von Tempel und Stadt Besitz, sondern schaut sich, wie ein Tourist, nur alles an (V. 11). Auch fällt auf, dass es nicht die Bewohner der Stadt sind, die Jesus huldigen, sondern seine Anhänger – auf dem Weg in die Stadt. Aus der Stadt kommt niemand heraus, wie es für einen Königsempfang eigentlich zu erwarten wäre. Jesus geht unerkannt und unbemerkt in die Stadt hinein. Die Invertierung des „Königswegs" Jesu deutet sich hier an. Bei der Schilderung der Geißelung wird sie dramatisch gesteigert. Auch die Anhänger Jesu missverstehen – noch immer – seinen Königsweg, wenn sie Verse aus der Tempeltorliturgie (Ps 118,25f.), aus der auch der Jubelruf „Hosanna" stammt, auf Jesus beziehen und mit der Erwartung der Wiederherstellung des Reiches Davids kommentieren (V. 9f.). Genau das trifft für Jesus nicht zu; er hat nicht die „Königsherrschaft unseres Vaters David" verkündet, sondern die Gottesherrschaft. Das eine ist eine irdisch politische Größe, gebunden an nationale Grenzen, das andere wird durch die Anerkennung Jesu als Mandatar Gottes („Gottessohn") begründet.

Für den zweiten Tag werden zwei symbolische Handlungen erzählt. Die eine findet auf dem Weg nach Jerusalem statt (11,12–14), die andere im Tempel (11,15–19).

Ein Feigenbaum ohne Frucht (11,12–14)

12Und als sie am folgenden Tag herausgingen von Betanien, hatte er Hunger. 13Und als er von weitem einen Feigenbaum sah, der Blätter hatte, kam er, ob er also etwas an ihm fände, und er kam zu ihm und fand nichts außer Blättern. Es war nämlich nicht Zeit der Feigen. [14]Und antwortend sagte er ihm: Nie mehr in Ewigkeit soll jemand aus dir Frucht essen. Und es hörten seine Schüler zu.

Der Feigenbaum dient als symbolisches Objekt: Jesus klagt von ihm Feigen ein, obwohl gar nicht die Zeit der Ernte da ist. Im Hintergrund steht eine geprägte Metapher aus der Schrift: In Hos 9,10 und Mich 7,1–4 werden die Feigen mit den frommen und redlichen Israeliten verglichen, von denen es zur Zeit der Propheten keine mehr gibt. In unserer Episode werden nun aber nicht die Feigen verflucht, die es nicht gibt, sondern der Baum, der sie hervorbringen soll. Damit kann in der markinischen Komposition nur der Tempel gemeint sein. Denn die beiden Feigenbaumepisoden (die Verdorrung des Feigenbaums wird in 11,20 festgestellt) rahmen die Aktion Jesu im Tempel (11,15–19): Der Tempel erfüllt seine eigentliche Aufgabe nicht. Er ist ein fruchtloses Heiligtum.

Die prophetische Zeichenhandlung im Tempel (11,15–19)

[15]Und sie kommen nach Jerusalem. Und als er in das Heiligtum hineinkam, begann er hinauszuwerfen die Verkäufer und Käufer im Heiligtum, und die Tische der Geldwechsler und die Sitze der Taubenverkäufer stieß er um, [16]und er ließ nicht zu, dass irgendjemand ein Gerät durch das Heiligtum trug. [17]Und er lehrte und sagte ihnen: Steht nicht geschrieben: Mein Haus wird ein Haus des Gebetes für alle Völker genannt werden? Ihr habt es zu einer Räuberhöhle gemacht. [18]Und es hörten die

> Hohenpriester und die Schriftgelehrten und sie suchten, wie sie ihn vernichten könnten. Sie fürchteten ihn nämlich; die ganze Volksmenge nämlich war außer Fassung über seine Lehre. [19]Und als es Spätabend wurde, zogen sie hinaus außerhalb der Stadt.

Die prophetische Zeichenhandlung (V. 15f.), mit der Jesus den Untergang des Tempels als einen Vollzug sichtbar macht, der bereits begonnen hat, wird durch seine Lehre (V. 17) begründet und gedeutet: Der Tempel erfüllt seine eigentliche Aufgabe nicht. Anstatt ein „Haus des Gebetes für alle Völker" zu sein, wie es die Propheten einfordern (Jes 56,7; vgl. Sach 14,21), ist er zu einer Räuberhöhle gemacht worden, wie es der Prophet Jeremia beklagt (Jer 7,11). Handel und Gewinn stehen an erster Stelle. Anspruch und Verhalten stimmen nicht überein.
Erstmals treten die von dieser Anklage Betroffenen persönlich auf: die Hohenpriester, jene aristokratische Elite Jerusalems, die für den Tempel zuständig ist, flankiert von den Schriftgelehrten, die mehrmals aus Jerusalem herabgekommen waren, um Jesus zu visitieren (3,22; 7,1). Wie die Pharisäer und Herodianer (3,6) sind auch sie entschlossen, den Tod Jesu zu betreiben. Nur die Begeisterung des Volkes (vgl. 1,22) hindert sie an einem öffentlichen Vorgehen (V. 18). Der Erzähler ist peinlich darauf bedacht, die negative Stellungnahme zu Jesus und die Tötungspläne ausschließlich mit den offiziellen Vertretern von Religion und Politik in Verbindung zu bringen.

Die Texte des dritten Tages orientieren sich zunächst an den Symbolhandlungen des zweiten Tages. Sie werden von Jesus gegenüber den Schülern – wiederum auf dem Weg nach Jeru-

salem hinein (11,20–25) – sowie den Gegnern – wiederum im Tempel (11,27–12,44) – besprochen. Nachdem die Hohenpriester Jesus nicht beikommen können (11,27–12,12), schicken sie andere Gruppierungen vor, die ihn theologisch aufs Glatteis führen sollen (12,13–34). Schließlich ergreift Jesus selbst offensiv das Wort (12,35–44).

Der verdorrte Feigenbaum und die Alternative (11,20–25)

20Und als sie am frühen Morgen dahin zogen, sahen sie den
Feigenbaum, verdorrt aus den Wurzeln. 21Und es erinnerte sich
Petrus und sagt ihm: Rabbi, schau, der Feigenbaum, den du
verflucht hast, er ist verdorrt. 22Und antwortend sagt ihnen
Jesus: Habt Glauben an Gott! 23Amen, ich sage euch: Jeder, der
zu diesem Berg sagt: Erhebe dich und stürz dich ins Meer, und
wenn er nicht in seinem Herzen zweifelt, sondern glaubt, dass
geschieht, was er sagt, es wird ihm sein. 24Deshalb sage ich
euch: Alles, was ihr erbetet und verlangt, glaubt, dass ihr (es)
empfangen habt, und es wird euch sein. 25Und wenn ihr euch
hinstellt, um zu beten, erlasst, wenn ihr irgendetwas gegen
irgendjemanden habt, damit auch euer Vater in den Himmeln
euch eure Übertretungen erlässt.[26]

Die Feststellung des Petrus, dass der Fluch Jesu eingetroffen ist, gibt Anlass, die Alternative für den Tempel, dessen Untergang besiegelt ist, zu konzipieren: Die für Gott würdigen Früchte, nach denen Jesus gesucht hat, sind Menschen, die sich von Glaube, Gebet und Versöhnung leiten lassen. Das sollen die Prägemale der Schülergemeinde sein, die dann selbst zu einem „nicht von Händen" gemachten Tempel (14,58) werden kann.

Die Frage nach der Vollmacht Jesu (11,27–33)

> [27]Und sie kommen wieder nach Jerusalem. Und wie er im
> Heiligtum einhergeht, kommen zu ihm die Hohenpriester und
> die Schriftgelehrten und die Ältesten. [28]Und sie sagten ihm: Mit
> welcher Vollmacht tust du das? Oder: Wer hat dir diese
> Vollmacht gegeben, so dass du dieses tust? [29]Jesus aber sagte
> ihnen: Ich stelle euch eine einzige Frage, und, antwortet ihr mir,
> werde auch ich euch sagen, mit welcher Vollmacht ich das tue.
> [30]Die Taufe des Johannes: War sie aus dem Himmel oder aus
> Menschen? Antwortet mir! [31]Und sie überlegten beieinander,
> wobei sie sagten: Wenn wir sagen: Aus dem Himmel, wird er
> sagen: Weshalb habt ihr ihm nicht geglaubt? [32]Aber sollen wir
> sagen: Aus Menschen? Sie fürchteten die Volksmenge. Denn
> alle hielten den Johannes wirklich dafür, dass er ein Prophet
> war. [33]Und in ihrer Antwort sagen sie Jesus: Wir wissen es
> nicht. Und Jesus sagt ihnen: Dann sage auch ich euch nicht, mit
> welcher Vollmacht ich das tue.

Die Hohenpriester kommen zusammen mit den Schriftgelehrten und den Ältesten. Aus diesen drei Gruppen ist der Hohe Rat zusammengesetzt, das sogenannte Synhedrium, das Jesus zum Tod verurteilen wird. Sie fragen nach der Vollmacht für seine Aktion im Tempel. Aber sie sind nicht gekommen, um sich von Jesus belehren zu lassen, sondern um ihn anzuklagen. Hat er in göttlicher Vollmacht gehandelt, muss er sich dafür ausweisen (vgl. 8,11–13). Hat er in menschlicher Anmaßung gehandelt, liegt der Tatbestand des „Tempelraubs“ vor, worauf in der Antike die Todesstrafe steht. Anstatt sich auf ein richterliches Verhör einzulassen, bringt Jesus mit seiner Gegenfrage nach der Vollmacht der Johannestaufe das hohe Gremium selbst in die Bredouille. Dabei ist vorausgesetzt, dass das Auftreten des Täufers und dasjenige Jesu durch den Plan Gottes (1,2f.) miteinander verknüpft sind. Die Pattsituation, die dadurch entsteht, dass der Hohe Rat nun seinerseits der Frage ausweicht und sich einer eindeutigen Stellungnahme entzieht, macht noch einmal (dem Leser) die Fronten klar: Das Volk hält den Täufer für einen Propheten und steht auf der Seite Jesu. Es sind die religiösen Führer, die Jesus beseitigen wollen, aber wegen des Volks keine Handlungsfreiheit haben.

Die Winzerparabel (12,1–12)

> 1Und er begann, zu ihnen in Vergleichen zu reden: Einen Weinberg pflanzte ein Mensch und er zog ringsherum einen Zaun und grub eine Kelter und baute einen Turm und verpachtete ihn Bauern und ging außer Landes. 2Und er sandte zu den Bauern zur (rechten) Zeit einen Sklaven, damit er von den Bauern von den Früchten des Weinbergs nehme. 3Und sie nahmen ihn, prügelten ihn und sandten ihn leer aus. 4Und wieder sandte er aus zu ihnen einen anderen Sklaven. Und jenen köpften sie und entehrten ihn. 5Und einen anderen sandte er aus. Und jenen töteten sie, und viele andere, die einen prügelten sie, die anderen töteten sie. 6Noch einen einzigen hatte er: einen geliebten Sohn. Er sandte ihn aus als letzten zu ihnen, wobei er sagte: Vor meinem Sohn werden sie Achtung haben. 7Jene Bauern aber sprachen zueinander: Dieser ist der Erbe. Auf, wir wollen ihn töten, und unser wird das Erbe sein. 8Und sie nahmen ihn, töteten ihn und warfen ihn hinaus außerhalb des Weinbergs. 9Was [nun] wird tun der Herr des Weinbergs? Er wird kommen und die Bauern vernichten und den Weinberg anderen geben. 10Habt ihr nicht diese Schrift gelesen: Einen Stein, den die Bauleute verworfen haben, dieser wurde zum Schlussstein. 11Durch den Herrn ist er dazu geworden, und er ist wunderbar in unseren Augen. 12Und

> sie suchten ihn zu ergreifen, und sie fürchteten die Volksmenge, sie erkannten nämlich, dass er den Vergleich im Blick auf sie gesprochen hatte. Und sie ließen ihn stehen und gingen weg.

Jesus selbst beendet die Debatte mit dem Hohen Rat, die eigentlich als Tatbestandsaufnahme für einen Prozess gedacht war, und wendet sich wieder als Lehrer der gesamten Volksmenge zu. Der Hohe Rat ist allerdings weiterhin unter den Zuhörern gedacht.

Das Gleichnis Jesu greift die Weinbergsparabel des Propheten Jesaja auf (Jes 5,1–7), welche die Geschichte Gottes mit seinem Volk erzählt, und spinnt sie weiter. Die Knechte, die geschickt werden, sind die Propheten (vgl. Jer 7,25), der „geliebte Sohn" ist dem Leser aus 1,11 bekannt. Wer aber sind die Winzer, die den Erben getötet haben (!)? Da der Weinberg selbst mit Israel identifiziert wird, können die Winzer nur die religiösen Führer sein, die eben versucht haben, ihren Tötungsplan zu legalisieren (11,28). Die Übergabe des Weinbergs an andere Winzer besagt deshalb nicht die Enteignung Israels. Vielmehr wird die religiöse Führungselite ausgetauscht, also „Winzern" gegeben, die dafür sorgen, dass der Weinberg nicht nur seine „Frucht" bringt, sondern diese auch dem „Herrn" abgeliefert wird, wenn er kommt. Das ist kongruent mit der Sachaussage der Feigenbaum-Symbolhandlung (11,12–14).

Ist in V. 8 eine Todesweissagung versteckt, so in V. 10 (im Zitat aus Ps 118,22f.) eine Auferweckungs- und Erhöhungsaussage: Der vom Hohen Rat verworfene Jesus wird zum „Schlussstein" im Gewölbe eines neuen Gebäudes, das Gott selbst baut. Ist damit der neue, „nicht von (menschlichen) Händen errichtete Tempel" gemeint, „das Haus des Gebetes für alle Völker", in dem Glaube, Gebet und Versöhnung praktiziert werden – also die Schülerschaft Jesu, die überall dort auf der ganzen Erde entstehen kann, wo das Evangelium verkündet wird?

Die Mitglieder des Hohen Rates, die unter den Zuhörern gedacht sind, verstehen das Jesusgleichnis ganz genau. Sie ziehen sich zurück. Um ihr Ziel, Jesus verhaften zu lassen, zu erreichen, müssen sie wegen der Menschenmenge andere Mittel einsetzen.

Die Frage nach der kaiserlichen Steuer (12,13–17)

> 13Und sie senden aus zu ihm einige der Pharisäer und der Herodianer, damit sie ihn durch ein Wort fangen. 14Und sie kommen und sagen ihm: Lehrer, wir wissen, dass du wahrhaftig bist und dich um niemanden scherst. Nicht nämlich blickst du auf das Angesicht von Menschen, sondern du lehrst in Wahrheit den Weg Gottes. Ist es erlaubt, (dem) Kaiser Steuern zu geben – oder nicht? Sollen wir geben oder sollen wir nicht geben? 15Weil er aber ihre Schauspielerei kannte, sagte er ihnen: Was versucht ihr mich? Bringt mir einen Denar, damit ich sehe! 16Die aber brachten (ihm einen). Und er sagte ihnen: Wessen ist dieses Bild und die Aufschrift? Die aber sagten ihm: des Kaisers. 17Jesus aber sagte ihnen: Das (des) Kaisers gebt (dem) Kaiser und das Gottes Gott. Und sie waren erstaunt über ihn.

Die Koalition zwischen Pharisäern und Herodianern ist aus 3,1–6 bekannt, wo sie Jesus am Sabbat in der Synagoge auflauern, seiner Lehre gegenüber verschlossen bleiben und seinen Tod beschließen. Mit einer *captatio benevolentiae*, also einem Kompliment, durch das sie das Wohlwollen Jesu zu erheischen suchen, sprechen sie ihn an (V. 14). Jeder Satz ist wahr – und trotzdem ist es Heuchelei, was sie sagen (V. 15). Denn sie wollen nicht die Lehre Jesu hören, sondern ihn mit einer Fangfrage aus der Reserve locken. Es geht um die theologische Beurteilung der römischen Besatzungsmacht in Palästina, die über die jüdischen Eliten, in Judäa über den Hohenpriester, in Galiläa über Herodes Antipas als Letztverantwortlichen, Kopf- und Bodensteuer einzieht. Von einem radikalen Flügel der Pharisäer („vierte Philosophie") wurde die Steuerfrage 6 v. Chr., als Judäa zur römischen Provinz wurde, zur Bekenntnisfrage des Monotheismus erklärt: Wem ich Steuern bezahle, den erkenne ich als Herrn über das Land an. Ob ich es mit dem „einzigen Herrn", dem natürlich auch das Land gehört, ernst meine, entscheidet sich an diesem Punkt.

Jesus zieht sich nicht nur geschickt aus der Affäre, sondern er stellt auch die Fragesteller bloß. Er selbst hat kein Geld und muss deshalb einen Denar erbitten. Die Gegner haben ihn in der Tasche. Aufschrift und Bild weisen die Münze als Eigentum des römischen Kaisers aus. Sie ihm auf Verlangen nicht zurückzugeben, wäre Diebstahl. Gott dagegen muss man zurückgeben, was ihm gehört und zusteht: Frucht aus Glaube, Gebet und Versöhnung (11,20–25).

Die christliche Gemeinde zeigt sich mit der jesuanischen Stellungnahme als loyal gegenüber dem Staat, solange er nicht mehr verlangt als in seiner Verfügungsmacht steht.

Die Frage nach der Auferstehung der Toten (12,18–27)

18Und es kommen Sadduzäer zu ihm, die sagen, dass es keine
Auferstehung gebe, und sie fragten ihn, indem sie sagen:
19Lehrer, Mose hat uns geschrieben: Wenn jemands Bruder
stirbt und eine Frau hinterlässt, aber kein Kind hat, dass der
Bruder seine Frau nimmt und seinem Bruder Nachkommen-
schaft erstehen lässt. 20Es waren einmal sieben Brüder. Und der
erste nahm eine Frau und starb und hinterließ keine Nach-
kommenschaft. 21Und der zweite nahm sie und starb, ohne
Nachkommenschaft zu hinterlassen. Und der dritte genauso.

22Und alle sieben hinterließen keine Nachkommenschaft. Der letzte von allen und schließlich auch die Frau starben. 23Bei der Auferstehung: Wessen von ihnen wird die Frau sein? Alle sieben nämlich hatten sie als Frau. 24Es sagte ihnen Jesus: Irrt ihr nicht deswegen, weil ihr weder die Schriften kennt noch die Macht Gottes? 25Wenn sie nämlich aus Toten auferstehen, werden sie weder heiraten noch verheiratet werden, sondern sie werden sein wie Engel in den Himmeln. 26Betreffs der Toten aber, dass sie erweckt werden, habt ihr nicht gelesen im Buch des Mose beim Dornstrauch, wie ihm Gott sagt: Ich (bin) der Gott Abrahams und [der] Gott Isaaks und [der] Gott Jakobs? 27Er ist nicht Gott von Toten, sondern von Lebenden. Sehr irrt ihr euch.

Von den Sadduzäern, der priesterlichen Aristokratie in Jerusalem, braucht der Leser für die folgende Episode nicht mehr zu wissen, als in V. 18 als Information vorausgeschickt wird: Sie glauben nicht an die Auferweckung der Toten. Weil Jesus diese aber für seine – über das Psalmwort angedeutete – Zukunftsschau (12,10) vorausgesetzt hat, konstruieren sie aufgrund der Gesetzesvorschrift Dtn 25,5–10, wonach der Bruder eines kinderlos Verstorbenen verpflichtet ist, dessen Frau zu heiraten, um ihm Nachkommen und damit bleibendes Andenken zu verschaffen (Schwagerehe), einen abstrusen Fall, um Jesus lächerlich zu machen (V. 19–23).

Jesus geht auf den Fall gar nicht ein. Er kontert das spitzfindige Theologenkonstrukt einfach mit dem Hinweis, dass mit der Auferweckung der Toten keineswegs die irdischen Verhältnisse wiederhergestellt werden, sondern eine himmlische Existenz beginnt. Sie ist gerade dadurch charakterisiert, dass die Merkmale eines vergänglichen Lebens: gebären, heiraten, zeugen und sterben, ausgeschaltet sind.

Die Gegner Jesu müssen sich aber auch einen Tadel gefallen lassen: Sie kennen weder die Schrift; denn der Gesetzesvorschrift Dtn 25,5–10 kommt es tatsächlich nicht auf die himmlischen Besitzrechte, sondern auf das irdische Andenken des Verstorbenen an. Und sie kennen die Macht Gottes nicht. Gott selbst stellt durch seine eigene Erinnerung das Nicht-Vergessen der Menschen sicher, wie mit einem Hinweis auf die Gottesoffenbarung vor Mose (Ex 3,6.15) belegt wird.

Die Frage nach dem wichtigsten Gebot (12,28–34)

> 28 Und es kommt einer der Schriftgelehrten, der zugehört hatte,
> wie sie diskutierten. Als er sah, dass er ihnen gut geantwortet
> hatte, fragte er ihn: Was für ein Gebot ist das erste von allen? 29 Es
> antwortete Jesus: Das erste ist: Höre, Israel, (der) Herr, unser Gott,
> ist ein einziger Herr. 30 Und: Du sollst lieben (den) Herrn, deinen
> Gott, aus deinem ganzen Herzen und aus deiner ganzen Seele
> und aus deinem ganzen Denken und aus deiner ganzen Kraft.
> 31 Als zweites dieses: Du sollst lieben deinen Nächsten wie dich
> selbst! Größer als diese ist kein anderes Gebot. 32 Und es sagte
> ihm der Schriftgelehrte: Gut, Lehrer, in Wahrheit sagtest du: Ein
> Einziger ist er und nicht ist ein anderer außer ihm. 33 Und das Ihn-
> Lieben aus ganzem Herzen und aus ganzem Verstand und aus
> ganzer Kraft und das Den-Nächsten-Lieben wie sich selbst ist
> weit mehr als alle Ganzopfer und (Mahl)opfer. 34 Und als Jesus
> sah, dass er verständig geantwortet hatte, sagte er ihm: Nicht
> weit bist du vom Königreich Gottes. Und niemand wagte jemals
> mehr, ihm eine Frage zu stellen.

Erneut wird die Gegnerfront aufgebrochen (vgl. den Synagogenvorsteher Jairus in 5,22f.): Ein Schriftgelehrter sympathisiert theologisch mit Jesus (V. 28). Seine Frage nach dem wichtigsten Gebot ist ernst gemeint, wie seine Reaktion (V. 32f.) auf Jesu Antwort (V. 29–31) zeigt. Er wiederholt mit anderen Worten, was Jesus mit den Worten der Schrift gesagt hat: In der Tradition des hellenistischen Judentums wird das monotheistische Grundbekenntnis (Dtn 6,4f.) als erstes und wichtigstes Gebot mit dem Gebot zur Nächstenliebe (Lev 19,18) als zweitem, aber gleichwertigem Gebot kombiniert. Der Schriftgelehrte stellt seinerseits dieses Doppelgebot der Gottes- und Nächstenliebe über die kultischen Aktivitäten am Tempel und hat dafür die gesamte Schrifttradition Israels auf seiner Seite (vgl. 1 Sam 15,22; Ps 51,18f.; Spr 21,3; Hos 6,6).

Dieser Schriftgelehrte ist „nicht weit" von der Gottesherrschaft, wie sie Jesus verkündigt. Aber er ist noch nicht drin. Die bleibenden Unterschiede stellt Jesus in seiner anschließenden „Antwort", als Lehre im Tempel vorgetragen, heraus. Der erste Unterschied ist theoretischer Natur: Er betrifft die Christologie (12,35–37a), der zweite ist praktischer Natur: Er betrifft die Bereitschaft zum Statusverzicht (12,37b–40).

Die Frage nach dem Davidssohn (12,35–37a)

> 35Und antwortend sagte Jesus, der im Heiligtum lehrte: Wieso
> sagen die Schriftgelehrten, dass der Christus Sohn Davids sei?
> 36David selbst hat im heiligen Geist gesagt: Es sprach der Herr
> zu meinem Herrn: Setz dich zu meiner Rechten, bis ich gelegt
> habe deine Feinde unter deine Füße. 37aDavid selbst nennt ihn
> Herrn. Inwiefern ist er dann sein Sohn?

Diesmal ist es Jesus selbst, der ein „Dogma" der Schriftgelehrten anführt (V. 35 vgl. 9,11). Sie lehren: Der Christus, also der Messias als Gesalbter und von Gott auserwählter König Israels, ist Davids Sohn, stammt also aus der Nachkommenschaft Davids und ist in den Konturen der

Nathansweissagung (2 Sam 7,12–16) bzw. anderer Messiasentwürfe (vgl. PsSal 17,21–25) zu sehen.
Jesus – und hinter ihm der Evangelist – bestreitet in V. 36f. diese Genealogie (Christus als Sohn Davids) mit Replik auf Ps 110,1, der als von David gesungener Psalm gelesen (Überschrift!) und als prophetische Schau, vielleicht sogar als Offenbarung („im heiligen Geist") interpretiert wird. Der Text ist dann folgendermaßen aufzulösen: König David sieht visionär eine himmlische Szene und referiert den von ihm gehörten Dialog. Gott („der Herr") spricht zu Jesus, den David als „seinen Herrn" bezeichnet: „Setz dich zu meiner Rechten ..." Damit ist die Inthronisation zum Menschensohn gemeint, der diesen Platz einnimmt (vgl. Ps 80,18). Also: Jesus kann als Christus/Messias nicht Davids Sohn sein, sonst würde David ihn nicht „seinen Herrn" (vgl. 1,3) nennen. Und: Die Konturen dieses „Herrn", der als Christus/Messias in Israel auftritt, legt Gott selbst fest: Er ist der Menschensohn, der nach seinem Leiden (vgl. 8,31; 9,31; 10,33f.) in der Herrlichkeit des Vaters wiederkommen (8,38) und die Gottesherrschaft endgültig aufrichten wird (13,24–27). Diese himmlische „Hörszene" stellt ein Pendant zum „Vorspiel im Himmel" dar, mit dem das Evangelium beginnt (1,2f.). Dort wird der Plan Gottes für seinen „Sohn" auf Erden prophetisch bezeugt, hier dessen himmlische Inthronisation.

Polemik gegen die Schriftgelehrten (12,37b–40)

37bUnd eine große Volksmenge hörte ihm gern zu. 38Und in seiner Lehre sagte er: Nehmt euch in Acht vor den Schriftgelehrten, die in Talaren einhergehen wollen – und (die ihnen entgegengebrachten) Grüße auf den Marktplätzen. 39Und erste Sitze in den Synagogen und erste Liegen bei den Festmählern,

> 40die auffressen die Häuser der Witwen und zum Schein lange Gebete verrichten ... Diese werden ein umso größeres Gerichtsurteil empfangen.

Die beißende Kritik an den Schriftgelehrten entfaltet auf der Sachebene, was in 8,15 als Warnung vor dem „Sauerteig" der Pharisäer bzw. des Herodes angedeutet wurde. Religiöse Praxis und soziales Verhalten klaffen auseinander. Prestigesucht wird mit religiösem Gehabe verbrämt. Gottesliebe ist nicht durch Nächstenliebe abgedeckt (vgl. 12,28–34).

Die vorbildliche Witwe (12,41–44)

> 41Und als er gegenüber dem Opferkasten saß, schaute er zu,
> wie die Volksmenge Kupfer in den Opferkasten wirft. Und viele
> Reiche warfen vieles. 42Und als eine bettelarme Witwe kam,
> warf sie zwei Lepta, d. h. einen Quadrans. 43Und er rief seine
> Schüler zu sich und sagte ihnen: Amen, ich sage euch: Diese
> bettelarme Witwe hat mehr geworfen als alle, die in den
> Opferkasten geworfen haben. 44Alle nämlich haben aus ihrem
> Überfluss geworfen, diese aber hat aus ihrem Mangel alles
> geworfen, was sie hatte, ihr ganzes Leben.

Im Kontrast zu den Schriftgelehrten, die die Häuser der Witwen „auffressen", um sich selbst evtl. im Gegenzug für ihren Rechtsbeistand zu bereichern (vgl. dagegen Ex 22,21; Jes 1,17.23), gibt die Witwe alles, was sie hat. Vielleicht ist daran zu denken, dass sie sich durch Fasten Geld einspart, um damit noch Ärmeren helfen zu können.

Ein Lepton ist die kleinste griechische Münze, was mit der ebenfalls kleinsten Münze im römischen Münzsystem (Quadrans) erklärt wird.

Ankündigung der Zerstörung des Tempels (13,1f.)

> [1]Und als er aus dem Heiligtum herauszieht, sagt ihm einer seiner Schüler: Lehrer, siehe, was für Steine und was für Gebäude! [2]Und Jesus sagte ihm: Du schaust auf diese großen Gebäude? Hier wird kein Stein auf dem anderen zurückgelassen werden, der nicht zerstört werden wird.

Beim Verlassen des Heiligtums spricht Jesus im Klartext aus, was er durch die beiden symbolischen Aktionen am zweiten Tag, der Verfluchung des Feigenbaums sowie der Tempelaustreibung, angedeutet (11,12–19) und durch seine Erklärung vor den Schülern und die Streitgespräche mit den jüdischen Gruppen am dritten Tag (11,20–12,44) begründet hat: die bevorstehende, unwiderrufliche Zerstörung des Tempels.

Die Frage nach Termin und Zeichen für das Ende (13,3f.)

> [3]Und nachdem er sich gesetzt hatte auf den Ölberg gegenüber dem Tempel, fragte ihn für sich allein Petrus und Jakobus und Johannes und Andreas: [4]Sag uns, wann das sein wird und was das Zeichen (ist), wenn das alles sich vollenden soll!

Die vier erstberufenen Schüler (1,16–20) fragen Jesus nach dem Termin der Tempelzerstörung („wann *das* sein wird") und dem Zeichen für das Ende der Welt („*das alles* sich vollenden soll"), also dem Erscheinen des Menschensohns, der das Endgericht durchführt (8,38) und damit die Gottesherrschaft zur Vollendung bringt. Die Doppelfrage ventiliert versteckt die Andeutung, ob nicht die Tempelzerstörung zugleich das Zeichen für das Ende der Welt ist. Jesus, der als Lehrer auf dem Ölberg, dem traditionellen Ort für die Endereignisse, Platz genommen hat und auf den Tempel herabschaut, nimmt in seiner Rede (V. 5–37) genau bezüglich dieses Sachpunkts eine entscheidende Differenzierung vor: Die Tempelzerstörung ist zwar der schreckliche Anfang der Endereignisse, aber nicht das definitive Zeichen für das Kommen des Menschensohns.

Der Aufbau der Rede ist an dieser Differenzierung orientiert. In einem ersten Durchgang (V. 5–23) werden Phänomene benannt, die man keineswegs mit dem Zeichen für das Ende verwechseln darf. Erst der zweite Durchgang (24–32) gibt eine positive Antwort auf die Schülerfrage nach dem definitiven Termin und dem definitiven Zeichen für das Ende. Der letzte Abschnitt (V. 33–37) zieht daraus die Konsequenzen für das Verhalten, insbesondere im Blick auf die Tatsache, dass der definitive Termin keinem anderen bekannt ist als Gott allein (V. 32).

Die vier in V. 3 ausdrücklich als Adressaten der Rede genannten Schüler werden am Ende der Rede zu Medien für „alle" erklärt: „Was ich aber euch sage, sage ich allen" (13,37). Nachdem aber gemäß der präzisen Regieanweisung von V. 3 keine weiteren Schüler anwesend sind, können mit „allen" nur die späteren Leser des Evangeliums gemeint sein. Tatsächlich werden ihre Probleme und ihre Zeiterfahrungen in der eschatologischen Rede diskutiert. Nachdem das Evangelium vermutlich nach 70 n. Chr. geschrieben ist und die Adressaten deshalb auf die Tempelzerstörung bereits zurückblicken können, geht es präzise um die Frage, ob die Tempelzerstörung (vgl. 13,14–20) als Zeichen für das definitive Ende gewertet werden darf. Bezeichnend ist, dass sich der

Evangelist ausgerechnet in diesem Zusammenhang – es ist das einzige Mal im Gesamttext des Evangeliums – direkt an den Leser wendet: „der Leser soll verstehen!" (13,14).

Verführer und Katastrophen (13,5–8)

Der erste Durchgang der Rede (V. 5–23), der Zeitereignisse im Blick auf ihren Zeichencharakter für das Ende (ab)wertet, ist in sich konzentrisch aufgebaut: Im Zentrum (V. 9–13), eingeleitet durch den Achtsamkeitsruf „Schaut aber auf euch selbst", werden Phänomene aufgezählt, die die Adressaten betreffen. Gerahmt wird diese Passage von Phänomenen, von denen die Adressaten durch Hörensagen erfahren haben: von diversen Katastrophen irgendwo in der Welt (7f.) bzw. speziellen Ereignissen in Judäa (V. 14–20). Eingeleitet werden diese Abschnitte jeweils durch „wenn ihr aber hört/seht ..." Am Beginn bzw. Ende des ersten Durchgangs stehen Warnungen vor Personen, die sich als Heilsgestalten ausgeben (V. 5f.21–23). Wie die zentrale Passage werden sie jeweils durch einen Achtsamkeitsruf eingeleitet (V. 5) bzw. abgeschlossen (V. 23).

> 5 Jesus begann, ihnen zu sagen: Schaut darauf, dass euch nicht irgendjemand in die Irre führt. 6 Viele werden kommen, die in meinem Namen sagen: Ich bin (es). Und viele werden sie in die Irre führen. 7 Wenn ihr aber hört von Kriegen und von Gerüchten von Kriegen, lasst euch nicht in Schrecken versetzen! Es muss geschehen, aber (das ist) noch nicht das Ende. 8 Es wird nämlich aufstehen Volk gegen Volk und Königsherrschaft gegen Königsherrschaft, es werden sein Erdbeben mancherorts, es werden sein Hungersnöte: (der) Anfang (der) Wehen (ist) das.

Mit denen, die Christen dadurch in die Irre führen, dass sie „in Jesu Namen“ auftreten und sagen „Ich bin (es)“, sind vermutlich christliche Propheten gemeint, die beanspruchen, dass durch ihren Mund Jesus selbst spricht bzw. dass sie Jesusworte übermitteln, die Aussagen über die Endzeit machen. Aber das ist Täuschung! Bezüglich dieser „Jesusworte“ gilt das Gleiche wie für die falschen Christusse und Propheten, von denen in 13,21–23 die Rede ist: Alles, was Christen wissen müssen, ist von Jesus vorausgesagt – und im Text des Evangeliums niedergeschrieben. Alle angeblichen Jesusworte, die darüber hinaus „im Namen Jesu“ gesprochen werden, führen in die Irre.
Kriege, politische Unruhen und Naturkatastrophen, von denen die Adressaten zwar nicht betroffen sind, von denen sie aber gerüchteweise hören (V. 7f.), erzeugen (damals wie heute) Weltuntergangsstimmung. Unser Text sagt: Das alles gehört zwar zum göttlichen Geschichtsplan („es muss geschehen“), aber es ist kein Zeichen für das Ende. Derartige Phänomene sind lediglich „Anfang (der) Wehen“.

Verfolgung um des Evangeliums willen (13,9–13)

> 9Schaut aber auf euch selbst: Sie werden euch an die
> Synhedrien überliefern, und ihr werdet in die Synagogen
> geprügelt werden, und vor Statthaltern und Königen werdet
> ihr stehen – meinetwegen, ihnen zum Zeugnis. 10Und zu allen
> Völkern muss zuerst verkündigt werden das Evangelium. 11Und
> wenn sie euch (ab)führen, die Überlieferer, sorgt euch nicht im
> Voraus, was ihr reden sollt, sondern, was euch in jener Stunde
> gegeben wird, das redet, nicht nämlich seid ihr die Redenden,
> sondern der heilige Geist. 12Und es wird überliefern in den Tod
> (der) Bruder (seinen) Bruder und (der) Vater (sein) Kind, und es

werden aufstehen Kinder gegen Eltern und werden sie zu Tode bringen lassen. [13]Und ihr werdet Gehasste sein von allen wegen meines Namens. Wer aber standhält bis zum Ende, der wird gerettet werden.

Der zentrale Abschnitt im ersten Rededurchgang nimmt die Situation der Leser in den Blick. Sie werden vor Gerichte geschleppt (V. 9); Familienmitglieder werden einander „in den Tod" ausliefern (V. 12). Konkret könnte dabei an die neronische Verfolgung (66 n. Chr.) gedacht sein, mit der Nero die Schuld am Brand Roms auf die Christen abwälzen wollte. Der römische Historiker Tacitus berichtet, dass die weitaus größte Menge der Christen durch die Denunziation bereits festgenommener Christen gefasst und dann nach einem förmlichen Gerichtsverfahren hingerichtet worden ist (Ann XV 44,4). Zur Verwunderung des Tacitus wurden die Christen „weniger der Brandstiftung als des Hasses gegen das ganze Menschengeschlecht (*odium humani generis*) überführt". Unser Text scheint darauf zu reagieren, wenn er – unmittelbar im Anschluss an die Erwähnung der „Überlieferung in den Tod" (V. 12) – in V. 13 den „Hass" thematisiert, aber als Haltung auf Seiten der anderen, durch die die Christen ihrerseits isoliert werden. Für alle, die daran glauben, dass in Jesus Gottes heiliger Geist wirkt (vgl. 3,21–30), verspricht unser Text den gleichen heiligen Geist für deren Verteidigung vor Gericht (V. 11). Dadurch werden derartige Prozessverfahren zur Verkündigung des Evangeliums (V. 10).
Nachdem das Evangelium „zuerst" allen Völkern verkündet werden muss, sind Kalamitäten wie die neronische Verfolgung noch nicht das Ende. Gerettet wird, wer bis zum wirklichen Ende standhaft ausharrt (V. 13).

Drangsal und Verführer in Judäa (13,14–23)

14 Wenn ihr aber seht den Gräuel der Verwüstung, der steht, wo er nicht stehen darf – der Leser soll verstehen! –, dann sollen die in Judäa in die Berge fliehen. 15 Wer [aber] auf dem Dach (ist), soll nicht hinabsteigen und auch nicht hineingehen, um etwas aus seinem Haus zu holen. 16 Und wer auf den Acker (geht), soll nicht umkehren nach hinten, um seinen Mantel zu holen. 17 Wehe denen, die im Bauch (empfangen) haben, und denen, die in jenen Tagen stillen. 18 Betet aber, dass es nicht im Winter geschieht! 19 Es werden jene Tage eine Drangsal sein von der Art, wie sie von Anfang der Schöpfung, die Gott geschaffen hat, nicht geschehen ist bis zum jetzigen Zeitpunkt, und auch nicht mehr geschehen wird. 20 Und wenn nicht verkürzt hätte (der) Herr die Tage, würde kein Fleisch gerettet werden. Aber wegen der Auserwählten, die er erwählt hat, hat er die Tage verkürzt. 21 Und dann, wenn einer euch sagt: Siehe, hier der Christus! Siehe, dort!, glaubt nicht! 22 Es werden nämlich aufstehen Pseudochristusse und Pseudopropheten, und sie werden Zeichen und Wunder geben, um – wenn es möglich ist – die Auserwählten in die Irre zu führen. 23 Ihr aber schaut darauf: Vorhergesagt habe ich euch alles.

„Gräuel der Verwüstung“ ist ein Codewort, das Dan 9,27 (vgl. 11,31; 12,11) entnommen ist. Ursprünglich bezieht es sich auf die Profanierung des Tempels in Jerusalem durch Antiochus Epiphanes IV. (264 v. Chr.). Er hat den Tempel von Jerusalem in ein Heiligtum des Zeus Olympios umgewidmet. Äußeres Zeichen dafür war der Altaraufsatz (= Gräuel der Verwüstung: 1 Makk 1,54.59; 6,7), den er auf dem Brandopferaltar anbringen ließ, um eine angemessene „Unterlage“ für die Opfer für Zeus zu haben. Vermutlich handelte es sich um einen Zeusaltar.

Für die Leser des Evangeliums, die an dieser Stelle vom Evangelisten eigens angesprochen werden (V. 14), wird damit ein verschlüsselter Hinweis auf Vorgänge in ihrer eigenen Zeit gegeben. Zu denken ist etwa an die Feldzeichen als religiöse Symbole eines römischen Lagerheiligtums, die von den Soldaten des Titus im heiligen Bezirk des Tempels von Jerusalem aufgestellt wurden, nachdem das Tempelhaus in Flammen aufgegangen war (Jos., Bell VI 316). Für alle in Judäa Lebenden soll das als Zeichen dafür wahrgenommen werden, um die Flucht in die Berge zu ergreifen. Die Mahnung in V. 15f., dass die Betroffenen weder vom Dach hinabsteigen (Frau), noch vom Feld zurückkehren sollen (Mann), könnte Überrest einer alten Tradition sein, die damit das Verhalten beim Eintreffen des Endes regulieren will: Jeder soll bleiben, wo er ist, um für den erscheinenden Menschensohn bereit zu sein.

Genau an diesem Sachpunkt steuert das Markusevangelium entgegen. Die Brandschatzung des Tempels und die Plünderung der heiligen Geräte (Schaubrottisch, siebenarmiger Leuchter, Torarolle, Vorhang), die beim Triumphzug des Kaisers Vespasian und seiner Söhne Titus und Domitian in Rom zur Schau gestellt worden sind (Jos., Bell VII 123–157), scheint von den Christen in Rom, die wenige Jahre zuvor von der neronischen Verfolgung betroffen waren, als Gipfel der Drangsal – und damit als Zeichen für das Ende der Welt – gedeutet worden zu sein. Aber unser Text sagt ihnen: Es gibt eine Zeit *danach*, in der solche Drangsal *nicht mehr* sein wird (V. 19). Dank des Eingreifens Gottes, der diese schlimmen Tage verkürzt hat, bleibt diese Drangsal eine Episode der Geschichte (V. 20). Sie ist deshalb nicht das Zeichen für das Ende.

„Messiasse" („Christusse") und Endzeitpropheten, die während des jüdischen Krieges (66–70 n. Chr.) in Judäa aufgetreten sind, führen durch ihre Schauwunder und die Ankündigung von Zeichen, die geschehen sollen, genauso in die Irre wie die christlichen Endzeitpropheten, von denen zu Anfang die Rede war (V. 5f.). Alles, was man diesbezüglich wissen muss, ist von Jesus vorausgesagt und im Evangelium niedergeschrieben (V. 23).

Das Zeichen für das Ende (13,24–27)

> 24Aber in jenen Tagen nach jener Drangsal wird die Sonne verfinstert werden, und der Mond wird seinen Schein nicht mehr geben, 25und die Sterne werden aus dem Himmel fallen, und die Mächte in den Himmeln werden erschüttert werden. 26Und dann werden sie den Menschensohn sehen, kommend auf Wolken mit großer Macht und Herrlichkeit. 27Und dann wird er die Engel aussenden und [seine] Auserwählten aus den vier Windrichtungen zusammenführen vom äußersten Ende (der) Erde bis zum äußersten Ende (des) Himmels.

Endlich wird zu Beginn des zweiten Rededurchgangs (V. 24–32) positiv das Zeichen für das Ende genannt. Der Autor bedient sich auch in diesem Fall alttestamentlicher Vorlagen. Dass die Sonne sich verfinstert und der Mond nicht mehr scheint, die Sterne vom Himmel fallen und die Kräfte des Himmels erschüttert werden, sind Begleitumstände des Zorngerichts Gottes, wie es von den Propheten (gemäß der griechischen Übersetzung des AT) beschrieben wird (vgl. Jes 13,10; 34,4; Joel 2,10; 3,4; 4,15f.). Der Zusammenbruch der kosmischen Weltordnung ist das Zeichen für das Erscheinen des Menschensohns auf den Wolken des Himmels (vgl. Dan 7,13).

Um diese Zeichen zu deuten, braucht es weder esoterische Belehrung noch pseudoprophetische Hinweise. Dazu genügt der gesunde Menschenverstand (vgl. 13,28–32). Aber: Für das Erscheinen des Menschensohns muss man gewappnet sein – durch das Leben, das man führt (vgl. 13,33–37).

Der nahe, aber unbekannte Termin (13,28–32)

> 28Vom Feigenbaum aber lernt das Gleichnis: Wenn sein Zweig(werk) saftig wird und Blätter herauswachsen lässt, erkennt ihr, dass der Sommer nahe ist. 29So sollt ihr auch erkennen, wenn ihr das geschehen seht, dass (das Ende) nahe bei den Türen ist. 30Amen, ich sage euch: Nicht wird vergehen diese Generation, bis all das geschieht. 31Der Himmel und die Erde werden vergehen, aber meine Worte werden sicher nicht vergehen. 32Von jenem Tag aber oder jener Stunde weiß niemand (Bescheid), auch nicht die Engel im Himmel, nicht einmal der Sohn, außer dem Vater.

Vom Feigenbaum kann man etwas über „das Ende“ lernen. Wenn der Saft in die Zweige schießt, ist der Sommer (und die Ernte) nahe. Genauso sind die vermeintlichen Zeichen für das Ende (V. 5–23) einzustufen. Sie zeigen lediglich, dass das Ende mit dem zu erwartenden Gericht nahe ist, also die Ernte – ein biblisches Codewort für „Gericht“ (vgl. 4,29) – vor der Tür steht. Das definitive Zeichen für das Ende kann niemand übersehen (V. 24–27), aber der Termin dafür ist allein Gott bekannt (V. 32). Niemand braucht darüber zu spekulieren. Der Autor allerdings rechnet damit, dass die noch lebende Generation der Lesenden das Ende erleben wird (V. 30). Hier wie in V. 4 wird präzise zwischen „all das“ (= Ende) und „das“ (= schreckliche Ereignisse im zeitlichen Vorfeld ohne definitiven Zeichencharakter für das Ende) unterschieden. Die Aussagen Jesu werden den Zusammenbruch des Kosmos überdauern und dadurch ihre Gültigkeit erweisen (V. 31).

Die Konsequenzen für die Leser (13,33–37)

> [33]Schaut darauf: Seid wachsam! Nicht wisst ihr nämlich, wann
> der entscheidende Augenblick da ist. [34](Es verhält sich) wie mit
> einem Menschen außer Landes, der sein Haus verlassen und
> seinen Sklaven die Vollmacht gegeben hat, jedem einzelnen
> sein Werk, und dem Türhüter trug er auf, dass er wache.
> [35]Wacht also, denn nicht wisst ihr, wann der Herr des Hauses
> kommt, ob abends oder zur Mitternacht oder zum Hahnen-
> schrei oder in der Frühe. [36]Dass er euch, wenn er plötzlich
> kommt, ja nicht schlafend findet! [37]Was ich aber euch sage,
> sage ich allen: Wacht!

Weil die Erntezeit des Sommers, das Gericht, nahe gerückt ist, aber niemand den definitiven Termin wissen kann, lautet die Konsequenz für den Leser: wachsam sein. Seine Situation wird im Vergleich mit dem Türhüter, der auf die Rückkehr seines Herrn wartet, gespiegelt (V. 34). Sachbezug für diese Wachsamkeit ist die Haltung, zu der das gesamte Evangelium die Nachfolger führen will: die Praxis der Kreuzesnachfolge, „im Namen Jesu" die Kleinen aufnehmen, im Dienst und zur Unterstützung der anderen selbst den letzten Platz einnehmen ...

Diese Wachsamkeitshaltung in bedrängter Situation wird uns in der Getsemaniszene (14,32–42) sowohl positiv (Jesus) wie negativ (Schüler) vor Augen geführt. Hat auch Petrus, der „zum Hahnenschrei", also während der dritten Nachtwache versagt (14,66–72), noch eine Chance „in der Frühe", während der vierten Nachtwache (V. 35; vgl. 6,48)?

Der Text für den Tag vor dem Paschafest – nach antiker Zeitrechnung wird der Zieltag immer mitgerechnet; insgesamt handelt es sich also um den vierten Tag der Passionswoche – wird durch drei Szenen gegliedert, die in Schachteltechnik einander zugeordnet sind. In der Mittelszene (V. 3–9) sehen wir Jesus im Kreis seiner Anhänger, in den Rahmenszenen (V. 1f.10f.) in den Fängen seiner Gegner. Gemäß der typisierten Geographie des Jerusalemteils ist die mittlere Passage in Betanien zu lokalisieren, die Rahmenteile dagegen im Tempel. Dort wird der Leib Jesu zum Begräbnis gesalbt, hier sein Tod geplant. Dort tritt eine Frau als Akteurin auf, die teures, parfümiertes Öl für Jesus verschwendet, hier lässt sich „dieser eine von den Zwölfen“ eine Geldgabe versprechen, für die er bereit ist, Jesus zu „überliefern“.

Der Plan der Hohenpriester und Schriftgelehrten (14,1f.)

1Es war aber das Pascha und die Ungesäuerten nach zwei
Tagen. Und es suchten die Hohenpriester und die Schriftgelehrten, wie sie ihn mit Hinterlist ergreifen und töten könnten.
2Sie sagten nämlich: Nicht am Fest, damit kein Volksaufstand
entsteht.

Die Salbung Jesu im Haus Simons des Aussätzigen (14,3–9)

3Und als er in Betanien war, im Haus Simons des Aussätzigen,
als er zu Tisch lag, kam eine Frau, die ein Alabastergefäß mit
reinem, kostbaren Nardenöl hatte, das Alabastergefäß zerbrach und (den Inhalt) auf seinen Kopf vergoss. 4Da waren
einige ungehalten unter sich: Wozu ist diese Vernichtung des
Salböls geschehen? 5Man hätte nämlich dieses Salböl für über

300 Denare verkaufen und (das Geld) den Bettelarmen geben lassen können. Und sie schnaubten sie an. [6]Jesus aber sagte: Lasst sie! Was bereitet ihr ihr Mühen? Ein gutes Werk hat sie an mir getan. [7]Alle Zeit nämlich werdet ihr Bettelarme unter euch haben. Und wenn ihr wollt, könnt ihr ihnen wohltun. Mich aber habt ihr nicht alle Zeit. [8]Was sie vermochte, hat sie getan. Vorweggenommen hat sie die Salbung meines Leibes für das Begräbnis. [9]Amen, ich sage euch aber: Wo auch immer das Evangelium in der ganzen Welt verkündigt wird, wird auch geredet werden, was sie getan hat – zur Erinnerung an sie.

Die präzise Ortsangabe „im Haus Simons des Aussätzigen" (V. 3) soll den Leser an 1,40–45 erinnern: Jesus hat den von ihm geheilten Aussätzigen nach Jerusalem geschickt, damit er von den dortigen Priestern durch die Reinheitserklärung offiziell in die Gesellschaft reintegriert wird. Jetzt ist Jesus in der Nähe Jerusalems zu Gast im Haus eines (ehemals) Aussätzigen, und die Herren am Tempel, die Hohenpriester und Schriftgelehrten, suchen nach einer List, um Jesus für immer aus der Gesellschaft zu entfernen. Wie Jesus den Aussätzigen „angeschnaubt" hat (1,43), so fahren die Schüler die Frau an (V. 5: gleiches Wort im Griechischen). Aber ihre angebliche „Option für die Armen", zu deren Gunsten man Gefäß und Öl hätte verkaufen können (ein Denar, eine Silbermünze, ist gewöhnlich die Vergütung für die Tagesarbeit eines Tagelöhners), wird durch die abschließende Rahmenszene entlarvt: „Dieser eine von den Zwölfen" verkauft Jesus um Silbergeld (14,11).

Es ist auffällig, dass der Kopf Jesu gesalbt wird (V. 3). Das ist typisch für eine Königssalbung. Von Jesus wird die Handlung als Salbung seines toten Leibes gedeutet (V. 8). Das ist das Kennzeichen des „Königs" = „Christus" = „Messias" Jesus: sein Königsweg ist durch den Gang in den Tod bestimmt.

Seine Inthronisation, die sich an die Salbung anschließt, findet bei der Geißelung statt. Seine Herrschaft besteht darin, dass er den letzten Platz als Diener einnimmt (10,45), aber von Gott zum Menschensohn erhöht wird (12,36; 13,26f.; 14,62). Die Geste der Frau setzt also zeichenhaft um, was dem Plan Gottes von Anfang an (1,2f.) entspricht. Deshalb heißt von ihrer Tat zu erzählen (V. 9), das Evangelium von der Gottesherrschaft, das durch den „König" Jesus auf Erden initiiert wird, auf den Punkt zu bringen.

Einer der Zwölf als Überläufer (14,10f.)

> [10]Und Judas Iskariot, dieser eine von den Zwölfen, ging weg zu den Hohenpriestern, damit er ihn ihnen überliefere. [11]Als sie (es) aber hörten, freuten sie sich und kündigten ihm an, Silber zu geben. Und er suchte, wie er ihn zu einem günstigen Zeitpunkt überliefere.

Der Leser erinnert sich an die Passionsgeschichte des Täufers (6,21–29). Dort war es Herodias, die nach einem „günstigen Tag" suchte, um den Täufer auszuschalten, wobei sie gleichzeitig den „scheinbaren Herrscher" (vgl. 10,42) Herodes manipulierte. Hier ist es „dieser eine von den Zwölfen" (vgl. 3,19), der nach einem „günstigen Zeitpunkt" sucht, um Jesus auszuschalten – und dafür mit den scheinbaren Herren am Tempel einen Pakt eingeht.

Der listige Plan der Hohenpriester (14,1) geht zwar auf, aber anders als gedacht. Zwar wird Jesus nicht am Fest getötet, aber beim Mahl des „Festes der Ungesäuerten Brote" verpflichten sich seine Anhänger auf den Bund, der durch den Tod Jesu geschlossen wird: Die Nachfolger Jesu gehen seinen Königsweg weiter, bis er als Menschensohn kommt.

Die ersten drei Szenen am fünften Tag der Passionswoche, dem „ersten Tag der Ungesäuerten" kreisen um das Mahl, das in Jerusalem stattfindet: die Auffindung des Raumes (14,12–16) sowie das Mahl am Abend mit der Ankündigung der „Überlieferung" (14,17–21) und den Deuteworten (14,22–25). Die anschließenden drei Szenen führen wieder aus der Stadt hinaus zurück an den Ölberg: die Ankündigung der Verleugnung (14,26–31), das Gebet im Garten Getsemani (14,32–42) sowie die Gefangennahme dort (14,43–52), woraufhin Jesus wieder in die Stadt zurückgebracht wird: zum Verhör vor dem Hohen Rat (14,53–65), dem die Verleugnung des Petrus an die Seite gestellt ist (14,66–72).

Die Vorbereitung des Mahls (14,12–16)

> 12Und am ersten Tag der Ungesäuerten, als sie das Pascha
> schlachteten, sagen ihm seine Schüler: Wo willst du, dass wir
> weggehen und vorbereiten, damit du das Pascha isst? 13Und er
> sendet zwei seiner Schüler aus und sagt ihnen: Los, in die
> Stadt, und es wird euch ein Mensch begegnen, der einen
> Tonkrug mit Wasser trägt. Folgt ihm nach! 14Und wo er hinein-
> geht, sagt dem Hausherrn: Der Lehrer sagt: Wo ist meine
> Unterkunft, wo ich mit meinen Schülern das Pascha essen
> kann? 15Und er selbst wird euch ein großes Obergemach zei-
> gen, mit Polstern ausgestattet, bereit. Und dort bereitet (es)
> für uns vor. 16Und es gingen hinaus die Schüler und sie kamen
> in die Stadt und sie fanden (es), wie er es ihnen gesagt hatte.
> Und sie bereiteten das Pascha.

Wie bei der Auffindung des Eselfohlens für den Einzug nach Jerusalem (11,1–7) trifft auch bei der Vorbereitung des Raumes für das Mahl alles so ein, wie es Jesus voraussagt.

Soll hier die Vertrauensbasis für die dritte Voraussage Jesu in 14,28 gelegt werden, die vom Jüngling im Grab aufgegriffen und an die Frauen weitergegeben wird (16,7): dass Jesus nach seiner Auferstehung seinen Schülern nach Galiläa vorausgeht?
Auffällig ist die Formulierung in V. 12, wonach die Schüler alles den Wünschen Jesu gemäß vorbereiten wollen, damit *er* (!) das Pascha isst, Jesus aber selbstverständlich davon ausgeht, dass sie alle gemeinsam essen (V. 15). Hat das Mahl mit der Kreuzesnachfolge zu tun, zu der Jesus seine Anhänger animieren will?

Die Ankündigung der „Überlieferung" (14,17–21)

> 17Und nachdem es Abend geworden war, kommt er mit den Zwölfen. 18Und nachdem sie sich zu Tisch gelegt hatten und gegessen hatten, sagte Jesus: Amen, ich sage euch: Einer von euch, der mit mir zusammen isst, wird mich überliefern. 19Sie begannen betrübt zu werden und ihm zu sagen, einer nach dem anderen: Nicht etwa ich? 20Er aber sagte ihnen: Einer der Zwölf, der mit mir zusammen in die Schüssel eintaucht. 21Der Menschensohn geht zwar dahin, wie über ihn geschrieben steht, wehe aber demjenigen Menschen, durch den der Menschensohn überliefert wird. Besser für ihn, wenn jener Mensch nicht geboren worden wäre.

Die Ankündigung der Überlieferung (Judas: 14,17–21) hat ihr Pendant in der Ankündigung der Verleugnung (Petrus: 14,26–31). In beiden Fällen wird die Szene durch die Anspielung auf ein Schriftwort unterlegt (vgl. 14,27). „Der mit mir zusammen isst" (V. 18) ist nach Ps 41,10 definitorisch der Freund. Von einem Freund im Stich gelassen und verra-

ten zu werden, ist weitaus schlimmer als die Anfeindung und Isolierung durch Feinde (vgl. Ps 41,5–10).
Die erzählerische Ironie besteht darin, dass sowohl Jesus als auch der Leser längst wissen, wer „der Überlieferer" (3,19) ist, und Judas seinen Deal mit den Hohenpriestern und Schriftgelehrten bereits gemacht hat (14,10f.), aber trotzdem alle Zwölf fragen: „Nicht etwa ich?" (V. 19). Alle sind potentielle „Überlieferer". Evtl. werden damit schmerzliche Vorfälle während der neronischen Verfolgung (66 n. Chr.) in Erinnerung gerufen, nämlich dass es Christen waren, die – vermutlich um selbst frei zu kommen – ihrerseits andere denunziert haben (vgl. Tac., Ann XV 44,4; Mk 13,12). Judas wird für diese späteren „Überlieferer" zum Spiegelbild.

Die Deuteworte beim Mahl (14,22–25)

> 22Und als sie aßen, nahm er einen Brotlaib, sprach den Lobpreis,
> brach (ihn) und gab (ihn) ihnen und sagte: Nehmt, das ist mein
> Leib. 23Und nachdem er den Becher genommen hatte, sprach er
> das Dankgebet, gab (ihn) ihnen und sie tranken daraus alle.
> 24Und er sagte ihnen: Das ist mein Blut des Bundes, das für viele
> vergossen wird. 25Amen, ich sage euch: Ganz sicher werde ich
> nicht mehr vom Gewächs des Weinstocks trinken, bis zu jenem
> Tag, an dem ich es neu trinke im Königreich Gottes.

Die Mähler Jesu, in denen die Konturen der Gottesherrschaft sichtbar wurden (vgl. 1,29–31; 2,15–17; 3,20–35; 6,35–44; 8,1–9; 14,3–9), kulminieren im letzten Mahl in Jerusalem. Brotgestus und -segen erinnern an die Formulierung der Speisungsgeschichten (6,41; 8,6), allerdings fungiert Jesus beim letzten Mahl selbst als Diener; anstelle der Fische wird der Becher gereicht. Die Deuteworte beziehen sich auf die jeweils vorausgehende *Handlung*: Wie Brot so wird Jesu Leib gebrochen. Das Trinken aus dem Becher hat den gleichen Verpflichtungscharakter wie das Bundesschlussritual am Sinai, wo Mose nach dem Verlesen der Tora und der Selbstverpflichtung der Israeliten, die Tora zu halten, diese mit dem Blut der Opfertiere besprengt und sagt: „Das ist das Blut des Bundes, den der Herr auf Grund all dieser Wort mit euch geschlossen hat" (Ex 24,8). Analog dazu verpflichten sich beim letzten Mahl in Jerusalem die Teilnehmer auf das Programm der Gottesherrschaft, wie Jesus es vorgelebt und gelehrt hat. Sie vollziehen, was sich die Zebedaiden auf die Fahne schreiben: Sie trinken den Becher, der auch Jesus zu trinken bestimmt ist (10,38f.; 14,36), d. h. den Weg der Kreuzesnachfolge in den Spuren Jesu zu gehen und damit den letzten Platz im Dienst an den anderen einzunehmen (10,43–45).

Die Ankündigung der Verleugnung (14,26–31)

> 26Und nachdem sie (Hymnen) gesungen hatten, gingen sie hinaus zum Ölberg. 27Und es sagt ihnen Jesus: Alle werdet ihr Anstoß nehmen, denn es steht geschrieben: Schlagen werde ich den Hirten, und die Schafe werden sich zerstreuen. 28Aber nach meiner Auferweckung werde ich euch vorausgehen nach Galiläa. 29Petrus aber sagte ihm: Auch wenn alle Anstoß nehmen, ich nicht. 30Und es sagt ihm Jesus: Amen, ich sage dir: Du! Heute, in dieser Nacht, bevor der Hahn zweimal schreit, wirst du mich dreimal verleugnen. 31Er aber redete über die Maßen: Auch wenn ich mit dir zusammen sterben müsste, werde ich dich nicht verleugnen. So sprachen auch alle.

Wie Judas bei der Ankündigung der Überlieferung (14,17–21) so steht auch bei der Ankündigung der Verleugnung Petrus paradigmatisch für *alle* Schüler. Wie er beteuern auch alle anderen, lieber mit Jesus sterben zu wollen, als ihn zu verleugnen (V. 31). Genau dieser „Skandal" (so der griech. Wortstamm für „Anstoß nehmen" in V. 27.29) wird einerseits mit Hilfe von Sach 13,7 in den Horizont der Schrift gestellt. Andererseits wird durch die positive Zukunftsaussicht (V. 28) eine neue Handlungschance eröffnet. Nach dem Versagen gibt es in Galiläa einen zweiten Anfang (vgl. 16,7).

Wachen und Schlafen im Garten Getsemani (14,32–42)

[32]Und sie kommen an den Ort, dessen Name Getsemani ist,
und er sagt seinen Schülern: Setzt euch hier, solange ich bete.
[33]Und er nimmt mit sich Petrus und Jakobus und Johannes.
Und er begann zu erschaudern und unruhig zu werden. [34]Und
er sagt ihnen: Betrübt ist meine Seele bis in den Tod. Bleibt hier
und wacht! [35]Und er ging ein wenig voran und fiel auf die Erde
und betete, dass, wenn es möglich ist, vorübergehe von ihm
die Stunde, [36]und er sagte: Abba, Vater, alles (ist) dir möglich.
Lass vorübergehen diesen Becher von mir. Aber nicht, was ich
will, sondern was du (willst). [37]Und er kommt und findet sie
schlafend, und er sagt Petrus: Simon, du schläfst? Hattest du
nicht die Kraft, eine einzige Stunde zu wachen? [38]Wacht und
betet, damit ihr nicht in Versuchung kommt. Der Geist (ist)
zwar willig, aber das Fleisch schwach. [39]Und wieder ging er
weg und betete, wobei er das gleiche Wort sprach. [40]Und wieder kam er und fand sie schlafend; es waren ihre Augen schwer
geworden, und sie wussten nicht, was sie ihm antworten sollten. [41]Und er geht zum dritten Mal und sagt ihnen: Schlaft
ruhig weiter und ruht euch aus. Das Geschäft ist gemacht. Die
Stunde ist gekommen. Siehe: Überliefert wird der Menschen-

> sohn in die Hände der Sünder. [42]Wacht auf! Lasst uns gehen! Siehe: Der mich überliefert, ist in der Nähe.

Wie bei der Verklärung (9,2–8) sind auch im Garten Getsemani nur Petrus, Jakobus und Johannes in Jesu Nähe (V. 33). Wurde ihnen dort in der Vorausschau dessen himmlische Bestimmung gezeigt, so erleben sie hier den *Menschen* Jesus. Der seines Weges so sichere Lehrer, der seinen Schülern zielstrebig vorausgeht (vgl. 10,32), verliert hier geradezu die Fassung und wird zu einem Häufchen Elend (V. 34). Die Getsemanierzählung stellt sicher, dass der Leidensweg für den „Gottessohn" weder ein Spiel noch eine Durchgangsphase ist, sondern von einem Menschen mit Fleisch und Blut durchlitten wird. Nur der Leser wird Zeuge seiner Gebete, in denen nun der „Sohn" von der Erde aus zum „Vater" im Himmel spricht (vgl. 1,2f.11; 9,7) und ihn darum bittet, ihm genau das zu ersparen, was eigentlich Kulminationspunkt seiner Mission auf Erden sein soll: den Weg des Dienens, bei dem der Christus und „Gottessohn", also der „Erste" von allen, den allerletzten Platz einnimmt, bis zum Ende zu gehen. Das wird als die „Stunde" bezeichnet, die an Jesus vorübergehen soll (V. 35), bzw. als der „Becher", den der Vater von ihm wegnehmen möge (V. 36). Weiß Jesus in seiner menschlichen Not nicht mehr, worum er bittet – ähnlich wie Petrus bei der Verklärung (9,6)?
Dreimal findet Jesus die Schüler schlafend. Sie sind dem Leser, der die eschatologischen Ermahnungen beherzigen soll (13,33–37), ein warnendes Beispiel. Jesus dagegen zeigt, wie durch Gebet und Wachen die Versuchung, den Weg der Gottesherrschaft zu verlassen, vor dem Leiden zurückzuschrecken und das eigene Leben retten zu wollen (vgl. 8,35), bestanden werden kann.

Die Gefangennahme (14,43–52)

43 Und sofort, als er noch redet, stellt sich Judas ein, einer der
Zwölf, und mit ihm eine Volksmenge mit Schwertern und
Knüppeln von den Hohenpriestern und den Schriftgelehrten
und den Ältesten. 44 Der ihn überlieferte, hatte ihnen ein
Zeichen gegeben und gesagt: Den ich küssen werde, der ist
(es). Ergreift ihn und führt ihn sicher ab. 45 Und als er gekom-
men war, ging er sofort auf ihn zu und sagt: Rabbi! Und er
küsste ihn ab. 46 Die aber legten Hand an ihn und ergriffen ihn.
47 Einer aber derer, die dabeistanden, zog sein Schwert und
schlug auf den Sklaven des Hohenpriesters und hieb sein Ohr
ab. 48 Und antwortend sagte Jesus ihnen: Wie gegen einen
Räuber seid ihr ausgezogen, mit Schwertern und Knüppeln
mich festzunehmen? 49 Tag für Tag war ich bei euch im Tempel
und lehrte. Und nicht habt ihr mich ergriffen. Aber damit
erfüllt werden die Schriften. 50 Und sie ließen ihn stehen und
flohen alle. 51 Und ein junger Mann folgte zusammen (mit
ihnen) ihm nach. Er hatte ein Leinentuch um den nackten
Körper. Und sie ergreifen ihn. 52 Der aber ließ das Leinentuch
hinter sich – und floh nackt.

Es ist der Gestus vertraulicher Freundschaft, durch den Jesus von einem vermeintlichen Freund vor den Häschern des Hohen Rates identifiziert wird (V. 44f.). Der Schwertstreich ist ein letzter, im wahrsten Sinn des Wortes misslungener Versuch, um den Kreuzweg Jesu zu verhindern (V. 47). Jesus dagegen verbalisiert die verkehrte Welt: Die Abgesandten derer, die aus dem Tempel eine Räuberhöhle gemacht haben (11,17), gehen gegen ihn, der öffentlich im Tempel gelehrt und daran erinnert hat, dass er eigentlich ein Haus des Gebetes für alle Völker sein sollte, wie gegen einen Räuber vor (V. 48f.).

Der vorausgesagte „Skandal“ der Schülerflucht (vgl. 14,27) gipfelt in einer grotesken Einzelszene: Ein junger Mann, der Jesus in dieser prekären Situation eigentlich (noch) nachfolgen will, lässt dann, als er gepackt wird, alle Hüllen fallen, um Leib und Leben zu retten (V. 51f.).

Erneut liegt eine Schachtelkomposition vor: Das Verhör Jesu vor dem Hohen Rat im Haus des Hohenpriesters (V. 55–65) wird durch die Verleugnung des Petrus, der draußen im Hof steht, gerahmt (V. 54.66–72). Beide Vorgänge finden gleichzeitig statt, so dass ein scharfer Kontrast entsteht: drinnen Bekenntnis, draußen Verleugnung.

Das Bekenntnis Jesu und die Verleugnung des Petrus (14,53–72)

[53]Und sie führten Jesus weg zum Hohenpriester, und sie kommen
alle zusammen: die Hohenpriester und die Ältesten und die
Schriftgelehrten. [54]Und Petrus folgte von weitem ihm nach, bis
hinein in den Hof des Hohenpriesters. Und er saß zusammen mit
den Dienern und wärmte sich am Licht.
[55]Die Hohenpriester aber und der gesamte Hohe Rat suchten
gegen Jesus ein Zeugnis, um ihn töten zu lassen, und sie fanden
nicht. [56]Viele nämlich gaben falsches Zeugnis gegen ihn, und ihre
Zeugnisse waren nicht gleich. [57]Und einige standen auf und leg-
ten falsches Zeugnis gegen ihn ab. Sie sagten: [58]Wir haben ihn
sagen hören: Ich werde dieses Tempelhaus, das von Händen
gemacht ist, zerstören und in drei Tagen ein anderes aufbauen,
das nicht von Händen gemacht ist. [59]Und auch in diesem Fall war
ihr Zeugnis nicht gleich. [60]Und es stand auf der Hohepriester in
(die) Mitte und fragte Jesus: Er sagte: Du antwortest nichts (auf

das) was diese gegen dich bezeugen? [61]Der aber schwieg und antwortete nichts. Wieder fragte ihn der Hohepriester und sagt ihm: Bist du der Christus, der Sohn des Gepriesenen? [62]Jesus aber sagte: Ich bin. Und ihr werdet den Menschensohn schauen, sitzend zur Rechten der Macht und kommend mit den Wolken des Himmels. [63]Der Hohepriester aber zerriss seine Untergewänder und sagt: Was haben wir noch Zeugnisse nötig? [64]Ihr habt die Blasphemie gehört? Was scheint euch? Die aber verurteilten ihn alle, dass er des Todes schuldig sei. [65]Und es begannen einige, ihn anzuspucken und ihm das Gesicht zu verhüllen und ihm Ohrfeigen zu geben und ihm zu sagen: Prophezeie! Und die Diener übernahmen ihn mit Backenschlägen.

Nach jüdischem Prozessrecht müssen für eine strafrechtliche Verurteilung die Aussagen der Zeugen übereinstimmen (vgl. Dan 13,44–64). Das ist auch im Prozess gegen Jesus der Fall (V. 55f.). Ein Beispiel wird wörtlich wiedergegeben: das Tempelwort Jesu (V. 57f.). Der Leser kann es aufgrund der eigenen Aussage Jesu in 13,2 als Falschzeugnis identifizieren. Weder hat Jesus davon gesprochen, dass er selbst den Tempel niederreißen werde, noch davon, dass er einen neuen, nicht von menschlichen Händen gemachten Tempel errichten werde. Und trotzdem ist dieses „Falschzeugnis" auf geheimnisvolle Weise wahr: Mit dem Feigenbaum hat Jesus die für den Tempel Verantwortlichen, die aus ihm eine Räuberhöhle gemacht haben, unter den Fluch gestellt (11,12–14.20f.). Das „Haus des Gebetes" (11,17), also der neue Tempel, wird durch Gebet, Glaube und Versöhnungsbereitschaft in seiner Schülerschaft gebaut (11,22–25). Jesus selbst wird, wenn er nach drei Tagen von den Toten auferweckt sein wird, dessen Eckstein sein (12,10).

Nachdem Jesus, wie der Gottesknecht, nichts zu seiner Verteidigung sagt (vgl. Jes 53,7), fragt der Hohepriester expli-

zit nach der Legitimation seiner Sendung (V. 61). Erstmals im gesamten Markusevangelium behauptet Jesus positiv für sich – und zwar mit der Gottesformel „Ich bin“ –, was bisher nur andere über ihn gesagt haben: Gott (1,11; 9,7), die Dämonen (3,11; 5,7) und Petrus (8,29), nämlich Messias und Sohn des Hochgelobten zu sein bzw. als Menschensohn vom Himmel her zum Gericht zu erscheinen (V. 62). Diese Titel können anders als bisher im Evangelium offen und ohne Vorbehalte ausgesprochen werden, weil sie an dieser Stelle Grund für die Verurteilung zur Kreuzigung sind und von daher qualifiziert werden. Diese Szene reflektiert urchristliche Christologie. Überkommene und spezifisch geprägte jüdische Titel für diverse Heilsgestalten werden für Jesus in Anspruch genommen und von seinem Lebensgeschick her neu gefüllt (vgl. Ps 110,1; Dan 7,13; Weish 5,2).
Das spezielle markinische Verständnis des jesuanischen Königswegs kommt in der Abschlussszene pointiert zum Ausdruck: Der Allererste von allen wird sogar von den Dienern geschlagen (V. 65).

66Und während Petrus unten im Hof ist, kommt eine der
Sklavinnen des Hohenpriesters 67und sieht Petrus, wie er sich
wärmt. Sie blickt ihn an und sagt: Auch du warst bei dem
Nazarener, dem Jesus. 68Er aber leugnete und sagte: Weder
weiß noch verstehe ich, was du sagst. Und er ging hinaus in
den Vorhof [und es schrie ein Hahn]. 69Und die Sklavin, als sie
ihn sah, begann wiederum zu den Dabeistehenden zu sagen:
Dieser gehört zu ihnen! 70Der aber leugnete wieder. Und nach
einer kleinen Weile sagten die Dabeistehenden wiederum zu
Petrus: Wirklich, du bist einer von ihnen. Du bist nämlich ein
Galiläer! 71Er aber begann zu fluchen und zu schwören: Nicht
kenne ich diesen Menschen, von dem ihr sprecht. 72Und sofort
schrie ein Hahn zum zweiten Mal. Und es erinnerte sich Petrus

> an den Ausspruch, wie ihm Jesus gesagt hatte: Bevor der Hahn zweimal schreit, wirst du mich dreimal verleugnen. Und er warf (das Gewand) über und weinte.

In drei Etappen, jeweils durch räumliche Abstandnahme (V. 68: Vorhof) bzw. Beteuerungsformeln (V. 71) gesteigert, sagt sich Petrus von Jesus los. Auffällig ist, dass Petrus nicht nur leugnet, Jesus zu kennen, sondern sogar einen Fluch auf Jesus (?) ausspricht (V. 71). Zu leugnen, Christ zu sein oder gewesen zu sein, sowie Christus zu fluchen, das sind die beiden Kriterien, aufgrund derer der römische Statthalter Plinius in Bithynien diejenigen freilässt, die ihm als Christen angezeigt wurden (Ep X 96,5). Es ist deshalb zu überlegen, ob sich im Petrusverhör nicht Christenverhöre spiegeln. Dabei wird das Verhalten des Petrus durch das Bekenntnis Jesu im Verhör vor dem Hohen Rat als positivem Gegenbeispiel kontrastiert. Aber trotzdem gibt es für alle, die wie Petrus schwach werden bzw. schwach geworden sind, eine Hoffnung. Weder für Petrus noch für die schwach gewordenen Christen kommt die Reue nach der Tat (V. 72) zu spät. Wie für Petrus soll es auch für die schwach gewordenen Christen eine zweite Chance geben. Dafür plädiert der Erzähler in der Grabesgeschichte (16,7) – und dafür spricht die gefüllte Symbolik der „vierten Nachtwache", die nach dem „Hahnenschrei" beginnt (vgl. 13,35), bei der sich Jesus seinen verängstigten Schülern zeigt (6,48).

Wie das Verhör vor dem Hohen Rat spielt auch beim Prozess vor Pilatus eine Szene drinnen (V. 1–5) und eine draußen (V. 6–15), diesmal aber nicht gleichzeitig, sondern im zeitlichen Nacheinander. Drinnen kommt es zwar zur Befragung, nicht aber zur Verurteilung (vgl. dagegen 14,64; 15,1). Draußen wird nicht ein Schüler, sondern das Volk befragt, und zwar – wie Petrus – dreimal (V. 9.12.14).

Das Verhör vor Pilatus (15,1–15)

> 1Und sofort in der Frühe fassten sie einen Beschluss: die Hohenpriester zusammen mit den Ältesten und Schriftgelehrten, d. h. der ganze Hohe Rat. Nachdem sie Jesus gebunden hatten, brachten sie (ihn) weg und überlieferten (ihn) Pilatus. 2Und es fragte ihn Pilatus: Bist du der König der Juden? Der aber antwortete und sagt: Du sagst (es). 3Und es klagten ihn die Hohenpriester in vielen Punkten an. 4Pilatus aber fragte ihn wieder und sagte: Du antwortest überhaupt nicht? Schau, wie viele Anklagen sie gegen dich erheben! 5Jesus aber antwortete überhaupt nicht mehr, so dass sich Pilatus wunderte.

Die erzählerische Regie konturiert die Besonderheiten des Verhörs vor Pilatus gerade in den Punkten, in denen sich strukturelle Berührungen mit dem Verhör vor dem Hohen Rat ergeben: Stellt hier der Hohepriester die entscheidende Frage nach dem Anspruch Jesu, nachdem dieser trotz der Anschuldigungen gegen ihn in Schweigen verharrt hat (14,60f.), ist der Ablauf im Pilatusverhör genau umgekehrt: es beginnt mit der Frage nach dem Anspruch Jesu und endet mit dessen Schweigen, worüber sich Pilatus wundert, ohne einen Urteilsspruch zu fällen (V. 2–5). Der in religiöser Sprache formulierte Titel „Christus, der Sohn des Gepriesenen“ (14,61) wird von Pilatus in die politische Sprache Roms übersetzt: „König der Juden“ (V. 2). Das wäre ausreichend als Hinrichtungsgrund. In einem von Rom besetzten Gebiet als „König“ aufzutreten, bedeutet Aufruhr. Nachdem Pilatus nicht mit einem sofortigen Todesurteil reagiert und auch das Schweigen Jesu nicht gemäß dem römischen Rechtsgrundsatz „wer schweigt, gibt zu" auswertet, will der Erzähler andeuten, dass Pilatus die nicht politische Prägung dieses Titels im Munde Jesu durchschaut hat. Die Reaktion Jesu schließlich: „Du sagst (es)", münzt die Prozessfrage des Richters in ein Bekenntnis um.

6Zum Fest aber ließ er ihnen einen einzigen Gebundenen frei, den sie verlangten. 7Es war aber der so genannte Barabbas zusammen mit Aufständischen gebunden, die bei dem Aufstand einen Mord gemacht hatten. 8Und es ging hinauf die Volksmenge und begann zu verlangen, wie er es (gewöhnlich) machte. 9Pilatus aber antwortete ihnen und sagte: Wollt ihr? Ich werde euch freilassen den König der Juden. 10Er hatte nämlich erkannt, dass die Hohenpriester ihn aus Neid überliefert hatten. 11Die Hohenpriester aber wiegelten die Volksmenge auf, damit er viel mehr ihnen den Barabbas freiließe. 12Pilatus aber antwortete wieder und sagte ihnen: Was also [wollt ihr] soll ich mit dem tun, [den ihr] den König der Juden [nennt]? 13Die aber krächzten wiederum: Kreuzige ihn! 14Pilatus aber sagte ihnen: Was hat er denn Böses getan? Die aber krächzten über die Maßen: Kreuzige ihn! 15Pilatus aber, der die Volksmenge zufrieden stellen wollte, ließ ihnen den Barabbas frei. Und er überlieferte Jesus, nachdem er (ihn) hatte geißeln lassen, damit er gekreuzigt würde.

Zwei Gesichtspunkte sind bedeutsam: Pilatus macht sich zum Vollstrecker des Willens der anderen. Obwohl er die Taktik der Hohenpriester durchschaut (V. 10), geht er das Risiko ein, das Volk zwischen Barabbas und Jesus wählen zu lassen. Obwohl er von der Unschuld Jesu überzeugt ist, behandelt er ihn wie einen Verbrecher – nur, um selbst nicht zu seinem eigenen Urteil stehen zu müssen. Auch Pilatus ist einer, der „zu regieren scheint" (10,42) und seine Vollmacht

genau dann nicht ausnutzt und einsetzt, wenn er einen Unschuldigen retten könnte (vgl. Herodes: 6,21–28).
In Barabbas steht Jesus nun tatsächlich ein Aufrührer gegenüber. Er sitzt mit zwei (V. 7; vgl. 15,27) seiner (!) Bandenmitglieder im Gefängnis. Ihnen wird Mord vorgeworfen. Durch diesen Kontrast wird die Neuprägung des Titels „König der Juden" im Blick auf die Person Jesu definitiv deutlich: der „Königsweg" Jesu führt nicht zu einem politischen Reich, sondern zur Gottesherrschaft. Dazu bedarf es weder militärischer Aktionen noch politisch-diplomatischer Kalküle. Allein der Nachvollzug der Praxis Jesu ist gefragt, wie sie von ihm selbst vorgelebt und gelehrt wurde – und wie sie im „Evangelium" erzählt wird.
Das Ende von V. 15 lautet wörtlich folgendermaßen: „... und er überlieferte Jesus ..., damit er gekreuzigt würde." Damit ist das Ende einer langen semantischen Kette erreicht, die sich mit dem Wort „überliefern" über die ganze Erzählung spannt: Wie Johannes der Täufer (1,14) wird auch Jesus „überliefert": von Judas an den Hohen Rat (3,19; 14,18.42.44; Einheitsübersetzung: „verraten"), vom Hohen Rat an Pilatus (10,33; 15,1.10), der seinerseits Jesus erneut weiterreicht, und zwar an die Soldaten (15,15). Das gleiche Geschick wird die Nachfolger Jesu treffen (13,9.11). Was Paulus in der Sprache der alten Dahingabeformeln in seinen Briefen deutlich ins Wort setzt (Röm 8,32: „[Gott], der seinen eigenen Sohn nicht schonte, sondern ihn für uns überlieferte ..."), wird im Markusevangelium durch ein sogenanntes „Passivum divinum" (durch die passivische Form bleibt der eigentliche Akteur der Handlung, nämlich Gott, ungenannt) im dritten Passionssummarium nur vorsichtig angedeutet: „Der Menschensohn wird überliefert in die Hände von Menschen" (9,31; vgl. 10,33). Letztlich ist es also Gott selbst, der diesen Prozess initiiert.

Kreuzweg und Kreuzigung (15,20b–27) werden von zwei Verspottungsszenen gerahmt: der Verspottung durch die römischen Soldaten (15,16–20a) sowie derjenigen durch die vorübergehenden Juden (15,29–32).

Die Verspottung durch die römischen Soldaten (15,16–20a)

> 16Die Soldaten aber führten ihn weg in den Hof hinein, d. h. ins Prätorium, und sie rufen die ganze Kohorte zusammen. 17Und sie ziehen ihm Purpur an und sie setzen ihm auf, nachdem sie ihn geflochten hatten, einen Dornenkranz. 18Und sie begannen, ihn zu grüßen: Sei gegrüßt, König der Juden! 19Und sie schlugen mit einem Rohr seinen Kopf und spuckten ihn an und huldigten ihm, indem sie die Knie beugten. 20aUnd als sie ihn verspottet hatten, zogen sie ihm den Purpur wieder aus und zogen ihm seine Kleider an.

Die Verspottung durch die römischen Soldaten wird als invertierte Königsinvestitur erzählt: Jesus wird als König verkleidet. Die Soldaten legen ihm einen Purpurmantel an, wie ihn hellenistische Herrscher als Zeichen ihrer Königswürde tragen. Der Dornenkranz ist die Spottversion der Strahlenkrone, mit der sich römische Herrscher auf Münzen darstellen lassen, um ihre Vergöttlichung zu beanspruchen. Anstelle eines Zepters als Zeichen seiner Macht in der Hand wird Jesus mit einem Rohrstock auf den Kopf geschlagen. Der auf diese Weise Erniedrigte wird durch typische Gesten des Königszeremoniells „geehrt“: durch Akklamation (V. 18: „Sei gegrüßt, König der Juden!“) und Fußfall (V. 19). Für den Leser jedoch, der dem göttlichen Plan von 1,2f. Glauben schenkt, steht im Spottkönig Jesus der wahre König vor Augen.

Kreuzweg und Kreuzigung (15,20b–27)

> [20b]Und sie führen ihn hinaus, damit sie ihn kreuzigten. [21]Und sie
> zwingen den Nächstbesten, Simon von Kyrene, der von seinem
> Acker kommt, den Vater von Alexander und Rufus, damit er sein
> Kreuz trage. [22]Und sie bringen ihn an den Ort Golgota, d. h. über-
> setzt Schädelort. [23]Und sie gaben ihm mit Myrrhe gewürzten
> Wein. Er aber nahm nicht. [24]Und sie kreuzigen ihn und sie teilen
> seine Kleider auf, indem sie das Los über sie warfen, wer was neh-
> men soll. [25]Es war aber die dritte Stunde, und sie kreuzigten ihn.
> [26]Und es war die Aufschrift seiner Schuld aufgeschrieben: Der
> König der Juden. [27]Und zusammen mit ihm kreuzigen sie zwei
> Räuber, einen zur Rechten und einen zu seiner Linken. [28]

Die Kreuzigung Jesu wird lediglich als Faktum genannt (V. 20b.24.27). Keine Einzelheiten werden erzählt, weder die üblichen Grausamkeiten der Soldaten noch die Leiden Jesu geschildert. Erzählt wird vielmehr die Bedeutung der Kreuzigung – und zwar auf verschiedenen Ebenen:
(1) Zum einen wird die Kreuzigung im Licht von Ps 22 meditiert. Dieser Psalm bildet das Erzählgerüst im Hintergrund. Was der Psalm vom Leidenden Gerechten sagt, wird auf Jesus angewandt. Auch Jesu Peiniger teilen seine Kleider unter sich (V. 24 vgl. Ps 22,19). Auch er wird wegen seines Glaubens von seinen Feinden verspottet (V. 29f.31f. vgl. Ps 22,8f.). Die letzten Worte auf den Lippen Jesu sind die gleichen, mit denen der Psalm beginnt: „Mein Gott ..." (V. 34 vgl. Ps 22,2). Jesus stirbt wie ein Leidender Gerechter, der mit Eifer für Gottes Sache eingetreten ist, aber auf Erden gerade deswegen angefeindet wird. In einem Konfliktgespräch mit Gott bringt er seine Not und seine Verzweiflung offen zum Ausdruck. Während aber das Klagelied sich betend zur Rettungsgewissheit durchringt, wie sie sich im Lobver-

sprechen (Ps 22,23) und dem bereits ausformulierten Lobpreis (Ps 22,24–32) manifestiert, endet das irdische Leben Jesu im Klageruf. Das ist vom Erzähler bewusst so gestaltet; denn er rollt Ps 22 sozusagen von hinten her auf: Der Klageruf, mit dem der Psalm beginnt, ist Jesu letztes Wort. Gerade angesichts des göttlichen Planes, um den Jesus natürlich weiß und den er in den Passionssummarien auch seinen Schülern mitteilt, zeigt die Schilderung des Sterbens Jesu: Seine Klage und seine Vertrauenskrise sind Ernst gemeint. Hier stirbt ein wirklicher Mensch.

(2) Im Spiegel von unterschiedlichen Personen werden Grundsätze des Gottesherrschaftsprogramms Jesu veranschaulicht: Simon, der über seine beiden Söhne Alexander und Rufus identifiziert wird, die in der Gemeinde (noch) bekannt sein müssen, hilft Jesus das Kreuz tragen (V. 21). Er verwirklicht damit die Schülerregel von 8,34. Die beiden Räuber, die rechts und links von Jesus gekreuzigt werden (V. 27), nehmen die Ehrenplätze ein, auf die Jakobus und Johannes geschielt haben (10,37.40). In der Gottesherrschaft wird es keine Ehrenplätze mehr geben. Auf Erden werden die Ehrenplätze der Nachfolge durch die Mitgekreuzigten markiert.

(3) Schließlich ist die Erzählung der Kreuzigung mit Obertönen versehen, die an den Triumphzug der römischen Kaiser erinnern; es handelt sich genau um jene Punkte, die für die erzählte Situation in Jerusalem sowohl historisch wie sozialgeschichtlich gesehen unwahrscheinlich klingen: Niemals hätte im „Hof" des Pilatus eine ganze Kohorte von 600 bis 1000 Mann Platz gehabt, die nach 15,16 zusammengerufen wird, um Jesus Huldigungsgesten und -rufe entgegen zu bringen. Genau so aber beginnt der Triumphzug auf dem Marsfeld in Rom, wenn der Triumphator aus seinem Feldherrenzelt, Prätorium genannt (vgl. 15,16), in dem er die Nacht verbracht hat, heraustritt. Ihm werden sodann die

Insignien des Triumphators angelegt: das Purpurgewand sowie ein Lorbeerkranz (vgl. 15,17). Am Höhepunkt des Triumphzuges, der sich in feierlicher Prozession durch die Straßen der Stadt Rom schlängelt, wird dem Triumphator Wein angeboten, den dieser aber zu trinken verweigert (vgl. 15,23). Ziel des Zuges ist das Kapitol (von lat. *caput* = Schädel; vgl. V. 22). Dort angekommen wird der besiegte König, der als Gefangener im Triumphzug mitgeführt wurde, umgebracht. In der Markuspassion findet an dieser Stelle ein surrealer Rollentausch statt: der „Triumphator" Jesus selbst wird als „König" am Kreuz hingerichtet.

Die Verspottung durch die Schaulustigen (15,29–32)

> 29Und die vorbeizogen lästerten ihn, indem sie den Kopf schüttelten und sagten: Ha, der du das Tempelhaus zerstörst und aufbaust in drei Tagen, 30rette dich selbst, indem du vom Kreuz herabsteigst. 31In gleicher Weise spotteten die Hohenpriester untereinander zusammen mit den Schriftgelehrten und sagten: Andere hat er gerettet, sich selbst kann er nicht retten. 32Der Christus, der König von Israel, er soll jetzt von seinem Kreuz herabsteigen, damit wir sehen und glauben. Auch die, die mit ihm zusammen gekreuzigt wurden, schmähten ihn.

Wie die römischen Soldaten den „König" Jesus auf dem Hintergrund des römischen Kaiserzeremoniells verspotten, so die jüdischen Passanten auf dem Hintergrund des Tempelworts Jesu (V. 29f.) bzw. der jüdischen Messiaserwartung (V. 31f.). Der Spott äußert sich darin, dass sie den jesuanischen Grundsatz von 8,35 („Denn wer auch immer sein Leben retten will ...") umkehren: Wenn du den Anspruch erhebst, den Tempel zerstören und binnen drei Tagen wieder aufbauen zu können, so rette dich jetzt selbst! Wenn du der Messias Israels sein willst, der das Land aus den Händen der Feinde befreit, wie es unserer Tradition entspricht, dann rette dich selbst aus der Hand der Römer, indem du vom Kreuz herabsteigst! Außerdem bringen die Hohenpriester und Schriftgelehrten erneut die Forderung eines göttlichen Zeichens (vgl. Mk 8,11f.) in Anschlag: „... damit wir sehen und glauben" (V. 32). Aber: Den Glaubenden reicht, was sie – das Wissen des Evangeliums im Hintergrund – am Kreuz sehen: So sieht der Messias Gottes aus.

Im Zentrum der Schilderung des Sterbens Jesu steht das Elijamissverständnis (V. 35f.). Es wird gerahmt von den beiden Schreien Jesu (V. 34.37), diese wiederum durch zwei kosmische Zeichen: die Finsternis (V. 33) und das Zerreißen des Vorhangs (V. 38). Den ungläubigen Spöttern, den römischen Soldaten einerseits (15,16–20a) sowie den vorübergehenden Juden, unter ihnen den Hohenpriestern und Schriftgelehrten andererseits (15,29–32), stehen der gläubige römische Hauptmann (V. 39) als Exponent der Soldatengruppe und der mutige Josef von Arimathäa (15,42–46) als Exponent des Hohen Rates gegenüber. Beide fallen positiv aus der Reihe.

Der Tod Jesu (15,33–39)

33Und als (die) sechste Stunde geworden war, geschah eine Finsternis auf der ganzen Erde, bis zur neunten Stunde. 34Und in der neunten Stunde schrie Jesus mit lauter Stimme: Eloï, Eloï, lema sabachtani? Das heißt übersetzt: Mein Gott, mein Gott, wozu hast du mich verlassen? 35Und einige von den Dabeistehenden, die es hörten, sagten: Schau, Elija ruft er. 36Es rannte aber einer [und] füllte einen Schwamm mit Essig, steckte (ihn) auf ein Rohr und versuchte, ihm zu trinken zu geben. Er sagte: Lasst! Wollen wir sehen, ob Elija kommt, um ihn herabzunehmen! 37Jesus aber stieß einen lauten Schrei aus und hauchte aus. 38Und der Vorhang des Tempelhauses wurde zerrissen in zwei Teile von oben bis unten. 39Als der Zenturio, der dabeistand, ihm gegenüber, sah, dass er so ausgehaucht hatte, sagte er: Wahrhaftig, dieser Mensch war ein Gottessohn.

Der aramäische Gebetsruf Jesu (Eloï) wird als Ruf nach Elija missverstanden. Das ist vom Erzähler so gewollt; denn Juden würden den Gebetsruf niemals missverstehen und Römer können niemals auf die Figur des Elija kommen. Der Erzähler schreibt vielmehr eine dramatische Katechese für alle, die den Königsweg Jesu noch immer nicht internalisiert haben und auf ein Eingreifen Gottes zur Rettung Jesu und zur Bestrafung der Ungläubigen warten. So kommt die Gottesherrschaft eben nicht. Vielmehr ist Elija bereits gekommen – und zwar in Johannes dem Täufer (vgl. 9,11–13). Und Jesus hat nicht um Hilfe gerufen; er steht seinen Weg zwar klagend, aber konsequent „bis zum Ende standhaft" (13,13) durch. Die angemessene Reaktion gerade auf dieses Sterben wird über die Figur des Hauptmanns geschildert.
Es ist kein Zufall, dass der Erzähler unmittelbar vor der Reaktion des Hauptmanns (V. 39) das Zerreißen des Tempelvorhangs schildert (V. 38). Denn dadurch ergibt sich ein Komplementärbild zur Taufszene (1,10f.). Dort „wurden die Himmel zerrissen", der Geist (griechisch: *pneuma*) stieg auf Jesus herab und aus dem geöffneten Himmel durfte Jesus (und der Leser) die Stimme Gottes hören: „Du bist mein geliebter Sohn ..." In der Sterbeszene wird der Vorhang des Tempels „zerrissen". Nach Auskunft des jüdischen Geschichtsschreibers Josephus war darauf „das gesamte sicht-

bare Himmelsgewölbe" aufgestickt (Bell V 214). Dieser „Himmel" wird zerrissen. Jesus „haucht aus", im Griechischen kann man „seinen Geist" (*exepneusen*) mithören (V. 37). Anstelle der Stimme aus dem Himmel hört der Leser das Bekenntnis des Hauptmanns: „Wahrhaftig, dieser Mensch war ein Gottessohn". Zum ersten Mal wird die Mission Jesu in ihrer Tiefenschärfe erkannt und in einer zeitgenössisch aktuellen Titulatur zur Sprache gebracht, eben mit dem Titel für die römischen Kaiser, den diese zu Lebzeiten führen: Einer, der in menschlichen Augen in äußerster Erniedrigung stirbt, wird als der wirklich Allererste (in Gottes Augen) erkannt und mit einem entsprechenden Titel aus dem römischen Kaiserkult proklamiert.

Ein erzählerischer Nachtrag (15,40f.)

> 40 Es waren aber auch Frauen, die von Ferne zuschauten, unter ihnen auch Maria, die aus Magdala, und Maria, die (des) Jakobus des Kleinen und (des) Joses Mutter, und Salome, 41 die, als er (noch) in Galiläa war, ihm nachfolgten und ihm dienten, und viele andere, die zusammen mit ihm nach Jerusalem hinaufgezogen waren.

Erst hier erfährt der Leser, dass während des gesamten Wirkens Jesu immer auch Frauen dabei waren – und zwar als Nachfolgerinnen. Wie die Schwiegermutter des Petrus (1,29–31) haben sie von Anfang an das Programm Jesu umgesetzt und „ihm gedient". Während die Männer die Flucht ergreifen, als sich anbahnt, worauf sie Jesus „auf dem Weg" in den Passionssummarien vorbereitet hat, gehen die Frauen den Weg Jesu bis zum Ende mit und schauen – wenn auch von weitem – der Kreuzigung zu.

Im Grabmal (15,42–16,8)

Das Begräbnis (15,42–47)

> 42Und als es bereits Abend geworden war, nachdem Rüsttag war, d. h. Vorsabbat, 43kam Josef von Arimathäa, ein vornehmer Ratsherr, der seinerseits in Erwartung der Königsherrschaft Gottes war, er wagte es, ging hinein zu Pilatus und verlangte den Leib Jesu. 44Pilatus aber wunderte sich, ob er schon gestorben war, und er rief herbei den Zenturio, und fragte ihn, ob er schon lange gestorben sei. 45Und nachdem er es vom Zenturio in Kenntnis gebracht hatte, schenkte er den Leichnam dem Josef. 46Und nachdem er Leinentuch gekauft hatte, nahm er ihn herab, wickelte (ihn) mit dem Leinentuch ein und legte ihn in ein Grabmal, das aus Felsen gehauen war, und wälzte einen Stein vor die Tür des Grabmals. 47Maria aber, die aus Magdala, und Maria, die des Joses, schauten zu, wo er hingelegt worden ist.

Josef von Arimathäa ist der erste, der sich nach dem Tod Jesu vor einer öffentlichen Behörde als Anhänger Jesu bekennt, wenn er bei Pilatus um den Leichnam Jesu bittet. Der Erzähler bezeichnet sein Vorgehen als wagemutig (V. 43). Denn die Römer haben jeden, der mit einem Aufrührer, der hingerichtet wurde, auch nur ein Zeichen des Mitleids äußerte, als Konspirateur ergriffen und ebenfalls hinrichten lassen (Tac., Ann VI 19,3).
Dass Pilatus den Hauptmann rufen und sich von ihm den Tod Jesu bestätigen lässt, erfüllt einen apologetischen Zweck: Jesus war wirklich tot. Das wird amtlich bezeugt. Jede Art von Scheintod scheidet aus. Das wird auch durch die knappe Schilderung der Bestattung unterstrichen: Vor das Grab wird ein schwerer Rollstein gewälzt. Der Zugang bleibt versperrt.

Die Frauen schauen zu. Deshalb wissen sie, wo Jesus begraben liegt.

Der durchkreuzte Grabgang (16,1–8)

> [1]Und nachdem der Sabbat vorübergegangen war, kauften
> Maria, die aus Magdala, und Maria, die [des] Jakobus, und
> Salome wohlriechende Öle, damit sie kommen und ihn salb-
> ten. [2]Und in aller Frühe am ersten Tag der Woche kommen sie
> zum Grabmal, als die Sonne aufgegangen war. [3]Und sie sagten
> zueinander: Wer wird uns wegwälzen den Stein aus der Tür des
> Grabmals? [4]Und sie blicken auf und sehen, dass der Stein weg-
> gewälzt ist. Er war nämlich ungeheuer groß. [5]Und als sie in das
> Grabmal hineingingen, sahen sie einen jungen Mann auf der
> rechten Seite sitzen, umworfen mit einem weißen Talar, und
> sie erschauderten. [6]Der aber sagt ihnen: Erschaudert nicht!
> Jesus sucht ihr, den Nazarener, den Gekreuzigten. Er ist aufer-
> weckt worden. Nicht ist er hier. Schau: Der Ort, wo sie ihn hin-
> gelegt haben. [7]Aber: Los, sagt seinen Schülern und dem Petrus:
> Er geht euch voraus nach Galiläa. Dort werdet ihr ihn sehen,
> wie er euch gesagt hat. [8]Und nachdem sie herausgegangen
> waren, flohen sie weg vom Grabmal. Zittern nämlich und Ent-
> setzen hatte sie gepackt. Und niemandem sagten sie irgendet-
> was. Sie fürchteten sich nämlich.

Dreifach werden die Erwartungen der Frauen, die in aller Frühe zum Grab kommen, um den Leichnam Jesu zu salben, durchkreuzt: (1) Der Rollstein, den sie alleine (zu dritt!) offensichtlich nicht hätten in Bewegung setzen können, ist schon weggewälzt (V. 3f.). (2) Anstelle des Leichnams Jesu treffen sie auf einen jungen Mann. Ihre Reaktion – sie erschrecken – zeigt: Sie erkennen, dass er aus der himmlischen Welt

stammt (V. 5). (3) Anstatt Jesus salben zu dürfen, werden sie aus dem Grab weggeschickt, um den Schülern Jesu – allen voran dem Petrus – eine Botschaft auszurichten (V. 7).
Die Frauen verlassen tatsächlich sofort das Grab. Aber sie fliehen – und sagen niemandem ein Wort. Das ist ein Paukenschlag am Ende des Evangeliums (zu 16,9–20 vgl. unten). Zugleich ist dieses Ende aber auch eine Herausforderung für den Leser, und zwar in mehrfacher Hinsicht. Dass es zu der an sich gut gemeinten, aber äußerst ungewöhnlichen Salbung des Leichnams nach der Bestattung (!) nicht kommt, kann er leicht verstehen: Jesus ist längst gesalbt, als Messias, der in den Tod geht (vgl. 14,3–9). Insofern haben die Frauen zwar länger durchgehalten als die Männer, aber von Jesu Sendung haben sie genauso wenig verstanden.
Der junge Mann im Grab erklärt die urchristliche Formel von der Auferweckung Jesu (vgl. 1 Kor 15,4) dadurch, dass er den Frauen sagt: „Nicht ist er hier. Schau: Der Ort, wo sie ihn hingelegt haben“ (V. 6). Wenn die Gebeine eines Toten nicht zu finden sind, ist das für römische Ohren ein Signal dafür, dass der Tote unter die Götter entrückt worden ist. Das mythische Modell dafür ist Herakles. Nach dessen Selbstverbrennung kommen seine Getreuen, um aus dem Scheiterhaufen die Knochen zu sammeln und sie dann beizusetzen. Als sie jedoch nichts davon finden können, ziehen sie daraus den Schluss: Herakles ist zu den Göttern entrückt worden. Für römische Kaiser wird eine derartige Apotheose – nach einem entsprechenden Senatsbeschluss – im Zusammenhang mit dem öffentlichen Leichenbegräbnis rituell inszeniert: Auf dem Scheiterhaufen wird eine Wachspuppe verbrannt, so dass keine Knochen zu finden sind. Ab sofort gilt der Kaiser unter die Götter entrückt. Ihm wird ein Kult errichtet und es darf öffentlich zu ihm gebetet werden.

Für Jesus, von dem der verständige Leser aufgrund der Botschaft im Grab weiß, dass er zu Gott entrückt ist, soll kein Kult eingerichtet werden; auf seine Worte soll man hören. So hat es die Gottesstimme gesagt, als er auf dem Berg den drei auserwählten Schülern als Entrückter gezeigt wurde (9,7).
Die Frauen richten die Botschaft des jungen Mannes nicht aus. Der Leser – auch derjenige dieser Zeilen – ist herausgefordert, an ihre Stelle zu treten. Gemäß dem Auftrag des jungen Mannes nach Galiläa zu gehen (V. 7), heißt für den Leser: das Evangelium immer und immer wieder von Anfang an zu lesen, sich durch Jesus belehren und von seinem Verhalten anstecken zu lassen. Dann wird auch er den Entrückten „sehen" und die Verklärungsszene (9,2–8) als Einlösung des letzten Versprechens Jesu (14,28) erkennen können. Jesu Schülern, allen voran dem Petrus diese Botschaft mitzuteilen, heißt für den Leser: diejenigen, die Jesus nachfolgen wollen, allen voran die Versager und Gestrauchelten immer wieder zum Lesen des erzählten Evangeliums zurückführen und ihnen so eine zweite Chance anbieten.

Der sekundäre Markusschluss (16,9–20)

Das ursprüngliche Evangelium endet mit 16,8. Das bezeugen die ältesten Handschriften. Erst ab dem 5. Jh. treten zwei unterschiedliche Fortsetzungen auf, die gelegentlich auch miteinander kombiniert werden. Die in den kanonischen Ausgaben mit Verszahlen durchgezählte Version (16,9–20) reiht Versatzstücke aus den Ostererzählungen der anderen Evangelien sowie einiger Episoden der Apostelgeschichte aneinander:

[9]Nachdem er auferstanden war am frühen Morgen, am ersten Tag der Woche, erschien er zuerst Maria, der aus Magdala, bei der er sieben Dämonen ausgetrieben hatte. [10]Jene machte sich auf und berichtete denen, die mit ihm zusammen (gewesen waren) und die Klagende und Weinende geworden waren. [11]Als jene hörten, dass er lebe und dass er von ihr geschaut worden sei, glaubten sie nicht.

[12]Danach offenbarte er sich Zweien von ihnen, die einhergingen, in einer anderen Gestalt, als sie aufs Land zogen. [13]Auch jene gingen weg und berichteten den anderen. Nicht einmal jenen glaubten sie. [14]Später aber offenbarte er sich den Elf, als sie zu Tisch lagen, und er beschimpfte ihren Unglauben und Hartherzigkeit, weil sie denen, die ihn als Auferweckten geschaut hatten, nicht glaubten. [15]Und er sagte ihnen: Zieht in die ganze Welt und verkündigt das Evangelium der ganzen Schöpfung. [16]Wer glaubt und sich taufen lässt, wird gerettet werden, wer aber ungläubig bleibt, wird verurteilt werden. [17]Zeichen aber werden denen, die glauben, diese nachfolgen: In meinem Namen werden sie Dämonen austreiben, in neuen Sprachen reden, [18][und mit ihren Händen] Schlangen aufheben und, auch wenn sie etwas Tödliches trinken, wird es ihnen nicht schaden. Schwachen werden sie Hände auflegen, und es wird ihnen gut gehen. [19]Der Herr Jesus nun, nachdem er zu ihnen geredet hatte, wurde aufgenommen in den Himmel und setzte sich zur Rechten Gottes. [20]Jene aber gingen heraus und verkündeten überall, wobei der Herr mitwirkte und das Wort bekräftigte durch die Zeichen, die (es) begleiteten.

Die gewöhnlich in den Übersetzungen nicht abgedruckte kürzere Version eines sekundären Markusschlusses lautet folgendermaßen: „Alles Aufgetragene aber meldeten sie denen um Petrus auf dem schnellsten Weg. Danach aber sandte auch Jesus selbst vom Aufgang bis zum Untergang durch sie die heilige und unvergängliche Verkündigung der ewigen Rettung aus. Amen." Nach dieser Version führen die Frauen den Auftrag des Engels präzise aus, woraufhin Jesus selbst der Verkündigung noch einen kräftigen Anstoß gibt. Beide sekundären Hinzufügungen zeigen: Die Abschreiber haben den harten und fast unerträglichen originalen Schluss des Markusevangeliums nicht ertragen. Sie haben der markinischen Jesusgeschichte ein Happy-End verpasst, sie aber ihres provozierenden Schlusses und der Herausforderung an den Leser beraubt. Mit dem sogenannten „kanonischen Markusschluss" (in beiden Versionen) ist die Geschichte Jesu zu Ende erzählt. Ohne ihn, also gemäß der Originalversion, fängt am Ende des Markusevangeliums die Verkündigung des Evangeliums mit dem jeweiligen Leser immer neu an. Anders gesagt: Gemäß der Originalversion liegt es in der Hand des Lesers, ob das Evangelium weiter verkündigt wird bis in die ganze Welt (13,10; 14,9).

Nachwort

Zur Übersetzung

Die vorliegende Übersetzung des Markusevangeliums ist eine Arbeitsübersetzung. Sie ist ursprünglich für eine Vorlesung entstanden – mit dem Ziel, auch diejenigen, die das Evangelium nicht in der griechischen Ursprache lesen können, so nahe wie möglich an das Textgefüge heranzuführen, auch an diverse Ungereimtheiten und grammatikalische Unebenheiten (z. B. 3,31; 5,41). Insbesondere wurde Wert darauf gelegt, übergreifende semantische Strukturen erkennbar werden zu lassen, wie sie im Markusevangelium durch immer wiederkehrende Leitwörter gelegt werden. Dazu gehören „verkündigen", „nachfolgen", „Schüler" und „Lehrer" genauso wie „überliefern", „dienen", „bei ihm sein". Sprachliche Härten wurden dann in Kauf genommen, wenn es darum ging, die Erinnerungsfunktion von auffälligen Formulierungen zum Tragen kommen zu lassen. Wenn es in 4,21 heißt: „Kommt etwa die Lampe ...", dann ist diese Personifizierung auch im Griechischen ungewöhnlich, aber der aufmerksame Leser wird sofort an 1,7 erinnert, wo es heißt: „Es kommt der Stärkere ..." Damit ist klar, dass mit der „Lampe" metaphorisch auf Jesus angespielt werden soll. Durch solch innere semantische Verflechtungen stellt der Text übergreifende Bezüge her und legt sich damit selbst aus. Die Leser sollen das mitverfolgen – und selbst diese Spuren entdecken können.

Als Grundlage für die Übersetzung diente die Urtextausgabe *Novum Testamentum Graece* in der 27. Auflage (hrsg. von B. Aland/E. Nestle u. a., Stuttgart 2001). Wörter in eckigen Klammern sind von der Textüberlieferung her unsicher. Verszahlen in eckigen Klammern zeigen Texte an, die nach

Meinung der Spezialisten sicher später zum ursprünglichen Text hinzugefügt wurden. Sie wurden nicht übersetzt. Füllwörter, die in die Übersetzung eingefügt wurden, um den Text verständlicher zu machen bzw. seinen Sprachfluss zu fördern, erscheinen in runden Klammern.

Dank

Gewissenhaft überprüft wurde die Arbeitsübersetzung von meinen Mitarbeitern am Münsteraner Lehrstuhl: Florian Strecker, Michael Hölscher und Markus Lau, meinem Assistenten, der auch das gesamte Manuskript noch einmal kritisch durchforstet hat. Dafür sage ich ganz herzlichen Dank. Die „theologische Landkarte" (S. 174) hat Sr. Gundelinde Brandl, Cham, nach der Idee von R. Feneberg neu erstellt. Dank gilt besonders auch meiner Sekretärin, Frau Angelika van Dillen, die das Manuskript vom ersten Band bis zur letzten Korrektur geduldig und gewissenhaft betreut hat. Dank gebührt schließlich dem Geschäftsführer des Verlags Katholisches Bibelwerk, Herrn Jürgen M. Schymura, der in einer Blitzaktion dieses Buch auf den Markt gebracht hat – noch rechtzeitig zum Beginn des Markuslesejahres in der katholischen Kirche.
Gewidmet ist dieses Buch den Mönchen der Benediktinerabtei Marienberg im Vinschgau. In für mich unvergesslichen Wochen im Sommer 2006 ist dort die Hauptmasse der vorliegenden Kommentierung entstanden – getragen von benediktinischer Gastfreundschaft und dem Stundengebet, das wie ein Raster den Tag strukturiert und die Arbeitszeiten weise begrenzt.

Münster, im November 2008
Martin Ebner

Theologische Landkarte für Mk 3-8

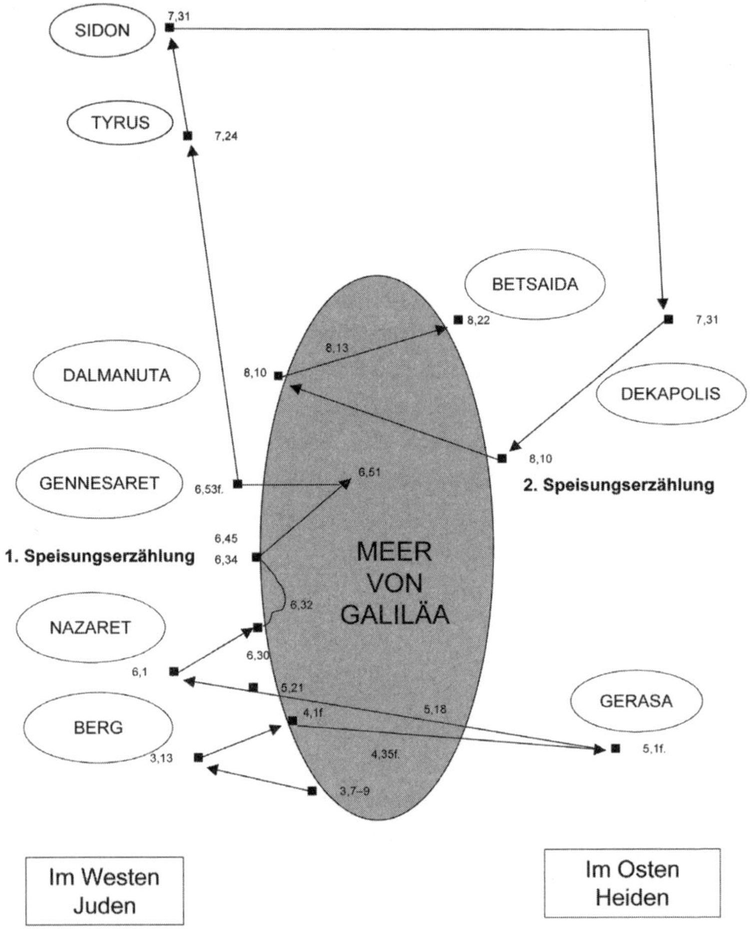

Literaturhinweise

Kommentare zum Weiterlesen

- **B. M. F. VAN IERSEL**, Markus. Kommentar, Düsseldorf 1993.
- **L. SCHENKE**, Das Markusevangelium. Literarische Eigenart – Text und Kommentierung, Stuttgart 2005.
- **H.-J. VENETZ**, Er geht euch voraus nach Galiläa. Mit dem Markusevangelium auf dem Weg, Freiburg (Schweiz) 2005.

Klassische Kommentare

- **J. GNILKA**, Das Evangelium nach Markus (EKK II/1–2), Bd. 1–2, Zürich/Neukirchen-Vluyn ^{5}1998/^{5}1999.
- **R. PESCH**, Das Markusevangelium (HThK.NT II/1–2), Bd. 1–2, Freiburg i. Br. ^{3}1980/^{2}1980.
- **R. T. FRANCE**, The Gospel of Mark. A Commentary on the Greek Text (NIGTC), Grand Rapids (MI) 2002.
- **P. DSCHULNIGG**, Das Markusevangelium (ThKNT 2), Stuttgart 2007.

Spezialuntersuchungen

- **B. BOSENIUS**, Der literarische Raum des Markusevangeliums (WMANT 140), Neukirchen-Vluyn 2014
- **H.-J. ECKSTEIN**, Markus 10,46–52 als Schlüsseltext des Markusevangeliums, in: ZNW 87 (1996) 33–50.
- **R. FENEBERG**, Der Jude Jesus und die Heiden. Biographie und Theologie Jesu im Markusevangelium (HBS 24), Freiburg i. Br. 2000.
- **W. FRITZEN**, Von Gott verlassen? Das Markusevangelium als Kommunikationsangebot für bedrängte Christen, Stuttgart 2008.
- **P. M. FULLMER**, Resurrection in Mark's Literary-Historical Perspective (Library of New Testament Studies 360), London 2007.
- **K. R. IVERSON**, Gentiles in the Gospel of Mark. „Even the Dogs Under the Table Eat the Children's Crumbs" (Library of New Testament Studies 339), London 2007.
- **C. JOCHUM-BORTFELD**, Die Verachteten stehen auf. Widersprüche und Gegenentwürfe des Markusevangeliums zu den Menschenbildern seiner Zeit (BWANT 178), Stuttgart 2008.
- **H.-J. KLAUCK**, Vorspiel im Himmel? Erzähltechnik und Theologie im Markusprolog (BThSt 32), Neukirchen-Vluyn 1997.
- **M. KLINGHARDT**, Legionsschweine in Gerasa. Lokalkolorit und historischer Hintergrund von Mk 5,1–20, in: ZNW 98 (2007) 28–48.
- **M. LAU**, Die *Legio X Fretensis* und der Besessene von Gerasa. Anmerkungen zur Zahlenangabe „ungefähr Zweitausend" (Mk 5,13), in: Bib. 88 (2007) 351–364.
- **U. MELL**, Jesu Taufe durch Johannes (Markus 1,9–15). Zur narrativen Christologie vom neuen Adam, in: BZ NF 40 (1996) 161–178.

- **C. MYERS**, Binding the Strong Man. A Political Reading of Mark's Story of Jesus, Maryknoll (NY) 1988.
- **T. E. SCHMIDT**, Mark 15.16–32. The Crucifixion Narrative and the Roman Triumphal Procession, in: NTS 41 (1995) 1–18.
- **K. M. SCHMIDT**, Wege des Heils. Erzählstrukturen und Rezeptionskontexte des Markusevangeliums (NTOA 61), Göttingen 2010.
- **D. A. SMITH**, Revisting the Empty Tomb. The Post-Mortem Vindication of Jesus in Mark and Q, in: NT 45 (2003) 123–137.
- **G. THEISSEN**, Evangelienschreibung und Gemeindeleitung. Pragmatische Motive bei der Abfassung des Markusevangeliums, in: Antikes Judentum und Frühes Christentum (FS H. Stegemann) (BZNW 97), Berlin 1999, 389–414.
- **D. ULANSEY**, The Heavenly Veil Torn. Mark's Cosmic Inclusio, in: JBL 110 (1991) 123–125.

Eigene Vorarbeiten

- **M. EBNER**, Neue Töne in einer neuen Form. Narrative Annäherung an das Markusevangelium (I/II), in: BiLi 71 (1998) 40–50.137–144.
  – Im Schatten der Großen. Kleine Erzählfiguren im Markusevangelium, in: BZ NF 44 (2000) 56–76.
  – Kreuzestheologie im Markusevangelium, in: A. Dettwiler/J. Zumstein (Hrsg.), Kreuzestheologie im Neuen Testament (WUNT 151), Tübingen 2002, 151–168.
  – „Kinderevangelium“ oder markinische Sozialkritik? Mk 10,13–16 im Kontext, in: JBTh 17 (2002) 315–336.
  – Evangelium contra Evangelium. Das Markusevangelium und der Aufstieg der Flavier, in: BN 116 (2003) 28–42.
  – Die Etablierung einer „anderen“ Tafelrunde. Der „Einsetzungsbericht“ in Mk 14,22–24 mit Markus gegen den Strich gelesen, in: Paradigmen auf dem Prüfstand. Exegese wider den Strich (FS K. Müller) (NTA NF 47), Münster 2004, 17–45.
  – Das Markusevangelium, in: Ders./S. Schreiber (Hrsg.), Einleitung in das Neue Testament (KStTh 6), Stuttgart 2008, 154–183.
  – Das Markusevangelium und der Aufstieg der Flavier. Eine politische Lektüre des ältesten „Evangeliums“, in: BiKi 66 (2011) 64–69.